JN094149

民法改正で相続が大きく変わる!!

一般社団法人

法律・税金・経営を学ぶ会：編

監修・著者
高橋安志　北出容一

企画・編集・著者
齊藤紀子

著者
猪本秀之　鈴木一郎
梶原岳男　田中美光　松田茂
木村金藏　徳元康浩　宮路幸人
小西啓二　馬場英晶　山口淳一

はじめに

　本書籍を読み始めてくださり、誠にありがとうございます。

　11 年連続 11 冊目の書籍となりました。同時に、法律・税金・経営を学ぶ会も、11 年目を迎えました。

　この書籍は、会員様が、毎月勉強会に参加し、実務をしっかりと勉強し続けてきた集大成です。会員様の中には、年間 100 時間以上も勉強している人もいらっしゃいます。

　机上で学んだことを、実践で活かし、多くのお客様にアドバイスしてまいりました。

　もちろん、実践でしか学ぶことが出来ないこともありますが、知識をアップグレードしてから実践に取り掛かると、効率よく問題が解決出来ることもあります。

　正確な情報を取り入れ、アドバイスや会話が出来る人の話は、信頼して耳を傾け、話を聞こうとします。

　一方で、「忙しくて」「歳だから」という理由で、勉強を怠ってきた資格者がいるのも事実です。時間やお金をかけて、しっかりと勉強してきた資格者と、勉強を怠ってきた資格者とでは、格段にレベルの差がつきました。

　資格者だからといって、誰しもが、難しい相続を取り扱えるレベルには達していないことを、ご承知おきください。ご依頼者側も、今は、よく勉強されておりますので、この人は勉強している人か、信頼出来る人か、のご判断は、つくと思います。

3

相続においては、一人で仕事は出来ませんので、若手の優秀な職員を育成している事務所に依頼をした方が良いでしょう。

　高い安い、といった金額だけで判断をすると、解決するどころか、無駄な費用と時間ばかりかかってしまうことがあります。

　また、民法改正施行という大きな改正があり、相続に大きな影響を及ぼすこととなりました。民法は、一般の人々の生活に、大きく結びついているのです。

　相続対策を見直さなければいけなくなった人もいるでしょう。

　遺言書は、書いてありますか？「配偶者居住権」や「特別寄与料」は、遺言書に入っていますか？ 遺言書には、誰にどの財産を相続する（または遺贈する）と書いておきましょう。遺言書を書く時には、原則的には遺留分を侵害してはいけません。

　「遺留分侵害額請求権」や、「配偶者居住権」「特別寄与料」が、よくわからない人は、本書籍を最後までお読み頂ければ、ある程度のことは、理解が出来ます。

　また、民法改正施行により、契約書の修正が必要となりました。2020年4月1日以降の契約には、施行内容が網羅されている契約書が必要となります。契約の際には、しっかりと確認をしてから、契約しましょう。

　今後は、民法改正施行、税制改正の内容が頭に入っている専門家にご相談ください。しっかり頭に入っているか、確認をするには、相談者も、基礎的な知識を学ぶために勉強が必要となります。

　ご相談の際に、古い専門用語を使っていたり、改正内容が頭に入っていなかったりすれば、「この人、勉強していない」と判断出来るでしょう。

　正確で、かつ、新しい知識を持つことは、時に、人を正しい方向に導

きます。インターネットなどの情報のみにとらわれてきた人は、今後は、書籍を読むことをお勧めいたします。

ぜひ、最後までお読みください。

皆様の今後の生活に、本書籍がお役に立てれば幸いです。

一般社団法人「法律・税金・経営を学ぶ会」事務局

TEL：03-6856-7477
https://houzeikei.com/

第3章　事業主・会社経営者必見！！

第4章　投資家必見！！

カバーデザイン　大場君人

第 **1** 章

相続税対策
見直しの必要性

実務をしっかりと勉強している専門家に依頼をした方が良い

相続においては、実務をしっかりと勉強している専門家に、ご依頼をした方が良いでしょう。

常に最新の知識と情報を取り入れるために、本会の会員様の中には、年間を通して１００時間以上も勉強をしている人もいます。

医者に専門分野の「名医」と呼ばれる人がいるように、相続に関するご相談は、「名医」を探すことが大事でしょう。「名医」を探すには、時間もお金もかかります。時には、名医ではない人に依頼をしてしまい、痛い目に遭って、初めて気がつくかもしれません。

相続税に携わる主な資格者について、解説をいたします。

1．税理士

相続税においては、最初の申告時に、小規模宅地等特例や、被相続人の居住用財産（空き家）に係る譲渡所得の特別控除 3,000 万円、といった大幅な節税が出来る特例が認められておりますが、特例が使えるか否か、の判断は非常に難しく、実務をしっかりと勉強している専門家に相談する必要があります。

特例が本来使えたのに、特例を使わずに申告をしてしまうと、二度と

　特例は使えず、無駄に支払った税金は、税理士損害賠償を起こして、税理士に請求をするしかありません。

　実際、税理士損害賠償保険の保険金請求を利用する件数が多くなっています。計算間違いが多かったり、アドバイスが無い税理士には、依頼をしない方が賢明です。

　本会の会員様の中には、他の複数の会計事務所から「小規模宅地等特例は使えません」と言われた案件でも、小規模宅地等特例を利用して税金を4,000万円、7,000万円も下げて申告をし、お客様からは、「税金が下がった！！」と大変喜ばれた事例がございます。

　もし、「特例が使えない」と言われた時には、他の会計事務所をあたってみると、良いでしょう。

　特例とは何か？については、最後まで本書籍をお読みいただければ、大まかな内容は理解出来ますので、自分の相続税申告に特例が使えるかどうか？複数の会計事務所に相談をしてみてください。

　相続税の申告は、最初に依頼をする税理士が、とても重要になります。当初申告で、本来であればもっと税金が下げられたのに、のちに、他の税理士に依頼をして、修正申告や更正の請求をすると、報酬や時間が2倍かかることもあります。

　最初から正確に申告をしてくれる税理士に依頼をしておけば、時間も報酬も必要以上にかからずに済んだのです。

　また、税制改正は毎年のようにあります。いつから、どのように、どのような人が対象となるのか？どのような書類が必要で、いつまでに届け出が必要か？最新の税制改正の内容がしっかりと頭に入っている税理士に依頼をした方が良いでしょう。税制改正の概要は、国税庁ホームページにも出ておりますので、依頼者側もチェックをしておくと、質問の仕方も的確となり、最適なアドバイスがもらえます。

相続税においては、財産全体の把握、不動産の現地調査、法務局や市役所に出向き資料を収集し、遺産分割協議、株の評価、残高証明の確認、名義預金や名義株がないかの確認、原則として、これらを相続発生から、わずか１０か月以内の申告期限までに行わなければいけません。

　税理士によっては、相続税申告期限１か月前に迫っている場合、お断りをすることが多いですが、本会会員の税理士には、申告期限１週間前でも依頼を受け、無事に申告出来る税理士もいます。

　税理士の平均年齢は６０代、と言われておりますので、優秀な若手の職員を育てている事務所に依頼をした方が良いでしょう。

　職員の育成には、お金も時間も労力もかかりますが、お客様の担当につくのは、ほとんどが会計事務所の職員です。職員の対応が良いことも、会計事務所探しの判断になるでしょう。

　安易に、報酬が安い税理士に依頼をしてしまうと、税金の計算を間違えて無駄な税金を支払うこともあります。報酬が安いから依頼をしているようでは、レベルの高い専門家にお会いすることは難しいでしょう。

　相続税対策の相談時点や試算の段階から、実務をしっかりと勉強している税理士に相談をしてください。

２．弁護士

　法律の専門家ですが、得意分野も様々です。相続においては、遺産分割協議や遺言書の作成、遺留分侵害額請求権など、揉め事の解決が多くなります。

　相続に関する揉め事を解決するためには、相続税にも詳しい弁護士に依頼をすると良いでしょう。弁護士は、税理士登録をすれば税理士にもなれる職業です。本来は、相続税も知っていなければいけません。

　申告が出来るレベルではなくても、遺産分割協議をいつまでに終わらせなければいけないのか、もし、まとまらない場合は、どれくらいの税額が増えるのか、程度は理解をしている弁護士に依頼をするのが無難でしょう。

　相続税のことがよくわからない弁護士に依頼をしてしまうと、申告期限までにまとまらず、相続税の延滞税や弁護士の追加費用など、支払いばかり増えてしまうこともあります。

　また、調停や裁判にまで至ると、さらに費用がかかりますので、裁判所のお世話にならずに紛争を解決する努力をすることも、弁護士の大切な仕事です。

　弁護士は、少しでも依頼者に有利な方向に動くように交渉をいたします。よって、交渉が長引くこともあります。申告期限１０か月までに交渉がまとまるとは限りません。早く解決したいのであれば、揉めないように、互いに譲歩するのも、解決の一つです。

3．不動産鑑定士

　不動産鑑定士は、現地に行って調査し、土地建物を評価します。不動産鑑定士による評価額は、不動産鑑定士によって、異なる場合が少なくありません。

　不動産を多く持つご家庭であれば、生前に、自分の土地建物はどれくらいの評価になるのか？不動産鑑定士に評価額を出しておいてもらうと、相続税対策の目安になります。

　鑑定評価の内容が一つで判断出来ない場合は、他の不動産鑑定士に評価額を出してもらうと、比較検討出来ます。

　不動産鑑定評価書を添付して、相続税の申告をした方が、不動産評価

額に対して、信頼を持つ税務署もありますので、不動産鑑定士と税理士の
コミュニケーションは非常に重要です。

　不動産鑑定評価にかかる費用より、税金が下がった方が総合的には良
いので、費用をかけてでも、不動産鑑定評価書をつけた方が良い場合もあ
ります。

　また、売却の際にも、不動産鑑定評価書があった方が高く売れること
もありますので、費用よりも効果の高い選択をしてください。

4．司法書士

　司法書士の報酬は、それほど差がありません。

　相続登記はしておいた方が良いです。報酬にそれほどの差が無いので
あれば、相続に詳しい司法書士に依頼をした方が良いでしょう。

　特に、不動産を多数所有するご家庭は、登録免許税にかなりの金額が
かかります。さらに、印紙を貼り忘れただけでも、印紙税がかかります。
このような費用を惜しむと、後で問題が複雑となりますので、手続きはき
ちんと行っておかなければいけません。

　不動産をお持ちの人は、日頃から、司法書士に相談をして準備してお
くと良いでしょう。

　相続が得意な税理士事務所でしたら、優秀な司法書士と提携をしてお
りますので、相談すればご紹介いただけます。

5．土地家屋調査士

　原則、相続税の申告期限までに測量をしておかないと、物納は出来ま
せん。納税資金がなく、物納を考えている人は、生前に隣地との境界確定

をしておきましょう。

　そのような時に必要な資格が土地家屋調査士です。

　隣地との境界確定の際に、隣人に印鑑をもらう必要がありますので、コミュニケーション能力の高い土地家屋調査士に依頼をした方が良いでしょう。隣地との境界確定については、第2章の「不動産の現地調査」をお読み下さい。

6．宅地建物取引士

　相続税の納税資金や、遺産分割協議のために、不動産を売却せざるを得ない場合は、宅地建物取引士が重要となります。

　まずは、自分の所有する不動産が売却出来るのか、生前のうちに査定をしておいてもらうと良いでしょう。不動産をたくさんお持ちの人で、共通する問題は、「不動産はたくさんあるのに売却出来ない」という問題です。

　駅から離れている土地、問題のある物件、無道路地、土壌汚染のある土地、山林など、不動産会社によっては取り扱いが出来ない土地建物もあります。

　売却出来ない場合は、測量をして物納の準備をするか、親族で引き取ってくれる人を探しておくことも大事でしょう。

　売却出来そうな場合には、少しでも高く売りたいのか、有効活用してほしいのか、売り主のご希望によっても、宅地建物取引士の選定も異なってきます。

　自分の所有する土地に思い入れがあり、値段に関係なく有効活用してほしい場合には、生前から業者を探しておくのも一つです。

　特にこだわりがなければ、高く売却出来る宅地建物取引士に依頼をしましょう。

一般社団法人「法律・税金・経営を学ぶ会」では、相続、不動産、経営、節税、法律に詳しい専門家に関する情報を、お知らせしております。書籍巻末にも掲載をしておりますので、ご確認ください。

　お近くの地域に、相続に詳しい専門家がいらっしゃらない場合は、事務局までお問い合わせください。

一般社団法人「法律・税金・経営を学ぶ会」事務局

TEL：０３－６８５６－７４７７

WEB：https://houzeikei.com/

今後の、相続税対策の一助となれば幸いです。

《参考文献》

法律・税金・経営を学ぶ会主催 DVD 「資産税の税制改正・消費税還付・民法改正施行」 2020 年 3 月 26 日撮影　講師：深代勝美氏

https://www.houzeikei.com/dvd/280

不動産をお持ちの方の 究極の節税

不動産を取得するときにかかる税金と節税の可能性

　不動産を取得するときにかかる税金は契約書等に貼付する印紙税、不動産を取得する場合、売買契約時に登録免許税、不動産を取得して4か月から半年程度で不動産取得税が課されます。また、個人から、原則的には個人に対して、不動産を贈与により取得する場合は贈与税が課され、相続により取得する場合は被相続人の財産の金額によって相続税が課される場合もあります。借金をして不動産を取得した場合は抵当権の設定について債権金額の0.4％の登録免許税がかかります。

　また、2020年4月の税制改正で大変厳しくなりました取得時の居住用建物部分の消費税還付を受けることが出来れば、一連の不動産にかかる税金で最大の節税（還付）金額となります。

不動産を保有している間にかかる税金と節税の可能性

固定資産税・都市計画税

　不動産を保有しているときには、固定資産税と都市計画税がかかりま

す。これらに関してはハードルが高いものの節税の可能性があります。ポイントは次の通りです。

■保有にかかる税金（特例）一覧

		固定資産税 税率＝評価額の 1.4％（標準）	都市計画税 税率＝評価額の 0.3％（最高）
新築住宅（床面積 50m² 以上～ 280m² 以下）		税額が 1／2 ※ 3 年間（地上階数 3 以上の 耐火・準耐火建築 5 年間）、 120m² 分までが対象	地方自治体の条例により軽減 される地域があります
新築の認定長期優良住 宅（床面積 50m² 以上 ～ 280m² 以下）		税額が 1／2 ※ 5 年間（地上階数 3 以上の 耐火・準耐火建築 7 年間）、 120m² 分までが対象	地方自治体の条例により軽減 される地域があります
住宅用地	200m² 以下 （小規模住 宅用地）	評価額 ×1／6 ＝課税標準	評価額 ×1／3 ＝課税標準
	200m² 超	評価額 ×1／3 ＝課税標準	評価額 ×2／3 ＝課税標準

住宅用地とは？

・自らの居住用、別荘以外のセカンドハウス、賃貸住宅用で総床面積の
10 倍までの土地（1 住戸あたり 200m² を限度）。借地させている底地も
同様。

・地上 5 階建以上の耐火建築物以外の併用住宅では居住用割合が 1/2
以上であれば全体を居住用として計算出来、居住用割合が 1/4 以上～

1/2 未満のときは 0.5 が対象。また、地上 5 階建以上の耐火建築物では土地・居住用割合 1/4 以上〜 1/2 未満のときは 0.5、1/2 以上〜 3/4 未満のときは 0.75、3/4 以上のときは全部が対象。

タワーマンションに関する課税の見直し

居住用超高層建築物（高さ 60m 超）に対する固定資産税・都市計画税については、1 階を 100 とし、1 階上がるごとに 10/39 を加えた数値に補正されます。

計算式：　100 ＋ 10／39 ×（N 階ー1）

①建物部分に関しては固定資産税評価額の決め方が勝負です。中古建物の場合は既に評価額が付されているので節税は難しいです。新築建物の場合は都税事務所等の評価員が建物の評価金額を決める際に現地調査が行われます。節税が出来るのは、このタイミングのみです。家屋調査には新築した際の設計図面等を準備し、納税者本人が立ち会うことをお勧めいたします。書類だけで審査した場合は、実地調査での評価より高めに決定されてしまうことがあります。周辺の固定資産税の課税相場がいくらなのかを調べておき、結果に納得出来ない場合は、再審査の申し出を行うことが出来ます。最初で最後の節税のチャンスです。しかも、不動産を保有している限り、ずっと節税の効果は続くのです。

②土地部分についても、現在評価額が付されているところの節税は難しいですが、所有者が変わり、用途変更をした場合には可能性が残

されています。総務省の調査では、約97％の市町村で課税ミスが発覚している、という報告もあります。その方法は次の通りです。

ア、売買契約書や新築の際の確定測量と課税明細書で課税されている現況地積とを比較してみます。昔からの土地は正しい実測がされていない可能性があります。

イ、公衆用道路など本来は非課税の土地が現況面積に間違って含まれていないかを確認します。

ウ、1㎡当たりの固定資産税評価額を計算し、周辺の同規模の土地の金額と比較してみます。4月初めから公開される「固定資産税の縦覧」という制度を利用します。

エ、がけ地など土地の評価を下げる要素が反映されているかどうかを調べます。

オ、200㎡までの小規模住宅用地という減免措置が適用されているかを調べます。

③現在駐車場として貸付けている土地があるとすれば、「入居者専用駐車場」として住宅用地の軽減の対象となっているかを調べて過去に遡って節税が出来る場合があります。適用が認められれば固定資産税は1/6に軽減されます。固定資産税評価明細で「雑種地」という表示がある場合は検討の余地があります。その場合は「入居者専用駐車場」という看板の設置は必須と言われています。

④現在建物が建っている土地に新築する予定がある人は、解体を翌年1月1日以降にすると住宅用地の軽減を受けることが出来、節税になります。

所得税・住民税・事業税、法人税等

　個人で不動産経営をしている場合と、法人名義で不動産経営をしている場合とで、税率を乗じる前の課税所得金額に関しては、基本的に同額であると課税当局は考えております。しかし、次の点で大きな違いがあります。

①結論としては法人名義が有利です。

②個人保有していた場合と、法人保有した場合との違いは、どこから来るのかをあらかじめ知っておく必要があります。

③同じ事業（不動産業）を営んでいたとしても、性質上、欠かすことの出来ない必要経費の使い方に関して、個人の所得税申告と法人の法人税申告では、次のような違い（有利・不利）が実務上生じています（これは税務署の調査・内偵時の暗黙の了解事項にあたるのですが、個人の所得税申告に関しては、「帳簿がきちんと整理されていないだろう、売上・経費にごまかしがあるのではないか、法人と違い個人的な費用を経費にしているのではないか、疑問点が生じた場合は税務調査の前に納税者を呼び出して牽制すれば済むだろう」、逆にこれらのことは法人として申告している限り、「ある程度は信頼して良いだろう」という認識の差によるところが大きいでしょう）。

有利・不利が生じる内容	個人の確定申告では	法人税申告では
生計一親族に対して支払う給料	あらかじめ届け出が必要	会社の内部資料で規定
自宅を事務所にして自分に家賃を支払う	不可能	可能
自動車関連費用	業務専用割合まで経費	全額経費
応接セット・電気器具	経費になりにくい	減価償却費として経費に
電話料金	業務使用割合まで経費	全額経費
水道光熱費	業務使用割合まで経費	全額経費
飲食費	認められにくい	1人あたり5,000円以内は会議費で経費に。従業員がいる会社は福利厚生費で処理
香典・御祝等の慶弔費	認められにくい	業務関連なら経費
別荘	認められない	社員の保養施設で経費に
新聞・雑誌等	認められにくい	全額経費
生命保険料	経費にならない	場合によっては全額経費
本人・家族への退職金	経費にならない	場合によっては全額経費

※ 事情によって認められる場合と認められない場合がありますので、税理士によくご相談下さい。

④生命保険料に関しては法人で加入する全損（一部半損）タイプの保険を積み立てておいて、大規模修繕が必要な時に解約をし、それを修繕費に充当するというプランも可能となります。

⑤中古物件を購入した場合は、前オーナーがまともな修理をしていない場合が大半ですから、購入後何年で大規模修繕を行うかをあらか

じめ決めておいて、その修理予定年に一番解約返戻金が大きくなるように保険設計をすることで、節税をしながら安定した不動産経営をすることが可能となります。

■不動産事業における個人と法人の税額を比較

所得金額	個 人 保 有					法 人 保 有				
	所得税	住民税	事業税	納税額合計	税負担率	法人税等	法人住民税	法人事業税	納税額合計	税負担率
300万円	206,753	300,000	5,000	511,753	17.05%	496,300	101,500	143,800	741,600	24.72%
500万円	584,523	500,000	105,000	1,189,523	23.79%	827,200	122,500	264,400	1,214,100	24.28%
1,000万円	1,801,044	1,000,000	355,000	3,156,044	31.56%	1,835,300	186,400	674,000	2,695,700	26.96%
1,500万円	3,485,694	1,500,000	605,000	5,590,694	37.27%	3,114,800	267,600	1,153,500	4,535,900	30.24%
2,000万円	5,313,284	2,000,000	855,000	8,168,284	40.84%	4,394,300	348,800	1,633,000	6,376,100	31.88%
3,000万円	9,397,284	3,000,000	1,355,000	13,752,284	45.84%	6,953,300	511,200	2,770,400	10,234,900	34.12%
4,000万円	13,481,284	4,000,000	1,855,000	19,336,284	48.34%	9,512,200	673,600	3,795,100	13,980,900	34.95%
5,000万円	18,075,784	5,000,000	2,355,000	25,430,784	50.86%	12,071,200	1,208,100	4,819,900	18,099,200	36.20%
10,000万円	41,048,284	10,000,000	4,855,000	55,903,284	55.90%	24,866,000	2,414,500	9,943,700	37,224,200	37.22%

注1：個人保有の場合は各個人に適用される各種所得控除後の金額とします。
注2：法人保有の場合は資本金100万円の法人で本店所在地は東京都とします。
注3：税負担率は納税額合計÷所得金額で求めます。

税額計算の元となる所得金額と税負担率を比べてみると、一定以上（表では所得1,000万円以上）からは法人保有の人が税負担が低いことがわかります。さらに、同じ金額の不動産収入でも上記のように経費に算入出来る金額の差を考慮すると個人と法人では税額に相当の開きが出ることは言うまでもありません。

不動産を売却することになった場合にかかる税金と節税の可能性

　保有してきた不動産を何らかの理由で売却することになった場合は、次のような態様で納める税額には大きな違いが生じます。最も有利な方法を選択することをお勧めいたします。

①個人保有のまま売却する場合は保有期間が5年超（売却した年の1月1日において5年超）保有していれば長期譲渡所得に該当し、譲渡益に対する税率は所得税・住民税合わせて20.315％となります。該当しない場合は適用される税率は39.63％とほぼ倍額になります。ただし、売却のタイミングを逸すると税負担以上に売却額が想定より下回るというリスクがあることは否めません。

②法人保有のまま売却する場合には、個人の場合のような保有期間の縛りはありません。短期間保有で高額の売却益が出ても税率に変わりは無いのです。

③法人保有の不動産売却益の税負担率が20％を超える場合は、不動産そのものを売却するのではなく、5年超の不動産を保有する一定の法人の株式を売却するという方法もあります。不動産の個別売却よりも不動産所有会社の株式譲渡（個人の税率20.315％）の方が有利になることには理由があります。それは、不動産の含み益に対する課税を買い手側に移転しているということです。すなわち、仮に上記2つの取引スキームの取引価額が同じであったとしても、買い手が引き継ぐ不動産の取得価額が異なるという事実が隠されているのです。例えば、賃貸ビル100億円（取得費5億円）を取引する場合、不動

産譲渡であれば、買い手にとっての取得価額は100億円ですが、株式譲渡であれば対象会社の簿価が引き継がれて5億円のままとなります。

買い手の取得価額が5億円に抑えられてしまうと、買い手が転売する際に含み益に対する税負担が一気に実現します。すなわち、株式譲渡で法人を取得した買い手は取得価額5億円の個別資産を売却することになり、多額の売却益が計上されることになるため税負担が大きいのです。この点、株式ではなく個別に不動産を購入しておけば取得価額の100億円に上乗せされた利益にのみ課税されるため、税負担は小さくなります。

結果的に、不動産の含み益に対する税負担は買い手の転売時において実現することになります。

以上のように、不動産所有会社の株式譲渡を採用することによる売り手の税負担の軽減は、買い手の転売時の税負担の増加をもたらします。したがって、不動産所有会社の株式譲渡は、買い手が不動産の転売を予定しない、すなわち事業用資産として取得する場合にのみ有効な取引スキームだと言えるのです。

④個人でも法人でも、消費税納税義務者が売却した場合は、売却金額のうち、建物部分の金額に関しては10%の消費税が別途かかります。ただし、③の株式譲渡の場合は、売り手に消費税はかかりません。①同様売却する時期を慎重に検討する必要があります。

■不動産事業における個人と法人の税額を比較

売却益	個人保有（5年以内の短期譲渡）				個人保有（5年超の長期譲渡）				法人保有				
	所得税	住民税	納税額合計	税負担率	所得税	住民税	納税額合計	税負担率	法人税等	法人住民税	法人事業税	納税額合計	税負担率
300万円	900,000	270,000	1,170,000	39.00%	450,000	150,000	600,000	20.00%	496,300	101,500	143,800	741,600	24.72%
500万円	1,500,000	450,000	1,950,000	39.00%	750,000	250,000	1,000,000	20.00%	827,200	122,500	264,400	1,214,100	24.28%
1,000万円	3,000,000	900,000	3,900,000	39.00%	1,500,000	500,000	2,000,000	20.00%	1,835,300	186,400	674,000	2,695,700	26.96%
1,500万円	4,500,000	1,350,000	5,850,000	39.00%	2,250,000	750,000	3,000,000	20.00%	3,114,800	267,600	1,153,500	4,535,900	30.24%
2,000万円	6,000,000	1,800,000	7,800,000	39.00%	3,000,000	1,000,000	4,000,000	20.00%	4,394,300	348,800	1,633,000	6,376,100	31.88%
3,000万円	9,000,000	2,700,000	11,700,000	39.00%	4,500,000	1,500,000	6,000,000	20.00%	6,953,300	511,200	2,770,400	10,234,900	34.12%
4,000万円	12,000,000	3,600,000	15,600,000	39.00%	6,000,000	2,000,000	8,000,000	20.00%	9,512,200	673,600	3,795,100	13,980,900	34.95%
5,000万円	15,000,000	4,500,000	19,500,000	39.00%	7,500,000	2,500,000	10,000,000	20.00%	12,071,200	1,208,100	4,819,900	18,099,200	36.20%
10,000万円	30,000,000	9,000,000	39,000,000	39.00%	15,000,000	5,000,000	20,000,000	20.00%	24,866,000	2,414,500	9,943,700	37,224,200	37.22%

注1：個人保有の場合の売却益は給与や不動産所得とは分離して一定の税率を乗じます。「長期譲渡は譲渡した年の1月1日において5年超」を指します。

注2：法人保有の場合は資本金100万円の法人とします。本店所在地は東京都とし、個人保有と同様の所得金額で、短期・長期の区分は無く、通常の所得金額を同様の計算をします。

注3：税負担率は納税額合計÷所得金額で求めます。

不動産が相続されることになった場合にかかる税金と節税の可能性

　現在不動産を保有している人に万が一のことが生じ、相続が発生することになった場合は、生前にさまざまな対策を講じることにより、後継者の人が納める相続税が大幅に減少することが出来ます。

不動産経営をしていく上でのリスクを知った上で間違いのない不動産投資をしましょう

　どんな商売・起業をしてもリスクというものは付き物です。特に不動産投資にはその性格上独特のリスクが存在します。それを知り、出来るだけ回避・排除する方法を知った上で不動産経営をしていくことを心掛けてください。

■不動産経営にまつわる 11 のリスクとその回避方法

1	空室リスク	空室リスクは、オーナーにとって避けては通れないリスクであると同時に、出来る限りゼロに抑えたいものです。
	回避方法 ☞	物件選びの段階で、アクセスや周辺環境が良く、設備が整っている物件を選択し、周辺類似物件の家賃相場や築年数に応じた適切な家賃設定を行うことが基本です。リーシングが得意な管理会社と契約します。次のような入居者に嫌われがちな中古物件の購入や新築計画は避けるべきです。①3点ユニットバス　②4階建て以上なのにエレベーターが無い　③エアコンなどの必須設備が無い　④和室がある　⑤物件が古い割に家賃が高いなど。
	回避方法 ☞	設定家賃の10%前後の手数料で空室分まで家賃保証をする「サブリース契約」も存在しますが、保証する会社が倒産しては元も子もありません。サブリース会社の決算報告・インターネットでの口コミはチェックすべきです。30年一括借上げをうたいながら、実際は2年に一度の家賃見直しが契約書には記載されていることを前もって知るべきです。契約の際は出来る限り長期間での家賃改定無しをサブリース契約書に盛り込むよう交渉すべきです。
2	家賃滞納リスク	①過失：引落し口座に入金し忘れた、期日までに振込が間に合わなかった、会社の倒産や突然の解雇により収入が無くなってしまった。
	回避方法 ☞	連絡をしっかり取れば回収出来るケースです。本来は不動産管理会社の業務です。まずは入居者に後述10の手続きをするよう勧めます。
	家賃滞納リスク	②故意：身勝手な言い訳をしながら家賃滞納を繰り返す不良入居者
	回避方法 ☞	入居時の審査をしっかり行うよう募集会社に徹底する。手数料は掛かるものの保証会社の家賃滞納システムを利用する。
3	家賃下落リスク	家賃は新築時がMAXです。一般的に築10年で5〜10%、築20年で10〜20%下落するといわれ、返済計画にも支障をきたします。サブリース契約を結んでいても2年に一度の契約見直しで家賃の実勢相場・当該物件の入居状況から有無を言わさず契約家賃の申し出がされることがあります。
	回避方法 ☞	物件の所在地が最大の防御策です。人気エリアで駅近の物件で設備が整っている物件を購入・新築することが必要です。多少経費が掛かっても近隣他物件と差別化出来るものを選択することしか回避方法はありません。
4	値下がりリスク	保有物件を売却しようとしたときに売却想定金額が値下がりするリスクです。売買契約段階で残存の銀行借入金が返済出来ないようでは不足分の借入金に対して返済の当てがないという悲惨な状態になります。
	回避方法 ☞	購入時、新築時に自己資金も無く、いわゆるフルローンで無理な計画を立てることは慎むべきです。現在の物件価格は何と言っても収益還元価格から逆算されます。そこで高い賃料を維持することこそが物件価格を下落させないポイントです。それには立地・設備・優良な管理会社の選定と適切な修繕計画実施に尽きると思います。更に売却交渉を依頼する不動産会社の選定は最も重要です。周辺売買実例以下の金額で交渉をまとめてしまう会社はNGです。出来れば売却予定の不動産の価値を最大限に評価してくれて、複数の購入希望者を募る「オークション形式」で売却交渉をしてくれる会社と出会えれば想定以上の手取り金額を手にする可能性が高まります。
5	金利上昇リスク	現在の情勢は世界的に低金利であることから変動金利で1%未満の融資がほとんどだと思います。短期プライムレートの2.475%を基準にお客様の属性（職業・年収・資産背景など）物件の担保価値、収益還元価格などによりどこまで金利を下げてくれるかという優遇金利により貸出金利が決定します。もちろん、キャッシュフローの上では低いにこしたことはありません。本原稿を書いている段階では年利0.6%程度が下限金利となっています。
	回避方法 ☞	世の中の情勢で決定する短期プライムレートを個人の努力で替えるのは不可能です。物件取得時の銀行交渉において出来るだけ低い金利で借りられるような自助努力を常日頃からしておくのが常套手段です。これには日頃からの銀行営業担当者との密接な折衝（高額な定期積金を集金により契約する、営業担当者のポイントにつながるような取引に協力する、融資に明るい支店長との接点を持つなど）の努力が必要です。当初借入利率が高いと思われるときはまずは同一期間での金利低減交渉を進め、場合によっては他の金融機関への借換えを交渉するのも有効な手段です。ただし、当初金融機関からの借換えに伴う、違約金・新規借入れの抵当権設定費用等を前もって調べて交渉をしてください。一般的には残存借入年数10年以上、金利差0.5%、残高1,000万円以上の契約にメリットがあると言われています。ただし、当初契約時より体調が悪化している場合に団体信用生命保険に加入出来ないときはあきらめるべきです。なお、団体信用生命保険は銀行によっては最大3億円まで加入出来るところもありますが、住宅ローン以外の収益不動産融資では加入出来ない金融機関もあります。事前の調査が重要です。

	天災リスク	特に最大のリスクは大規模地震に伴う、建物損壊・地盤沈下・火災・液状化などで収益が大幅に悪化します。
6	回避方法　☞	何と言っても地震保険への加入です。建物本体の火災保険は借入金の残存年数で長期保険に加入することが可能です。地震保険に関しては最長5年分で、度重なる大地震の影響により年々保険料も増額されています。早めの加入をお勧めします。なお、建物の地震保険は建物評価額の1/2、なおかつ5,000万円が加入限度額とされています。ただし、5,000万円は一室当たりの金額ですから大目に加入することをお勧めいたします。ポイントは加入の際の査定金額を高めに設定してもらうように保険会社と交渉することです。保険金が下りるパターンには全損・半損・一部損（保険金額の5%を受領出来ます）がありますが、わずかな損傷でも保険金が下りる一部損で過去に支払った保険料を取り戻して修繕が出来るというスキームが存在します。このような方法に長けた保険会社と契約を締結することをお勧めします。また契約によって下りる・下りない（水害などの場合など）の免責事由が異なる契約が存在しますので、出来るだけ補償の幅が広い契約で複数社から見積もりを取ることをお勧めいたします。また複数の物件を保有することを考えている方は同一地域に集中して物件を保有するのではなく、異なる地域に保有することによって地震の地理的リスクはある程度避けられると思います。
	税務リスク	不動産所得の計算上様々な費用を計上して節税を図りたいというのがオーナーさんの率直な希望だと思いますが、不動産に詳しくない税理士に申告を依頼すると有利な節税策をアドバイスしてくれない、逆に税務調査の際に経費として認められず、修正申告で追徴課税されるようなリスクも存在します。
7	回避方法　☞	税理士に経理処理・税務申告を依頼する際に①税理士本人が不動産投資を自ら実践しているかどうか　②顧問先に占める不動産オーナーの割合はどれくらいか　③税理士本人が節税に対してどれだけ関心があるか　④将来に備えて相続税申告の事前相談・節税アドバイスが出来るかどうかなどを聞き取り調査して、ご自分にとってベストの税理士を選択すべきです。ある意味ではこれが最大のリスク回避策と言えるのではないでしょうか？
	修繕リスク	建築後ある程度の年月が経てば修繕の必要が出てきます。配管の交換、外壁や屋根の塗装、室内のリフォーム、エアコンや給湯器の取替や、入居者の入退去の際のリフォームなど多くの修繕リスクが存在します。
8	回避方法　☞	これは性質上回避することは出来ません。修繕費を事前に積み立てておき対処していく必要があります。目安として建物建築費の0.3%程度を修繕に向けて積み立てておくことをお勧めします。またリフォームすることで家賃を高く保つことが出来るというメリットもあります。
	倒産リスク	売主の不動産会社や賃貸管理を委託している不動産会社が倒産するリスクです。
9	回避方法　☞	売主の不動産会社が倒産するリスクは短期間での出来事ですからさほどリスクは高いとは言えません。あえてリスクと言えば売買契約時に仲介手数料を先払いした分の被害となります。したがいまして契約時の仲介手数料を支払わない契約を結ぶことでリスクは消滅します。引渡し時に全額支払うという契約にすることです。管理業務を委託していた不動産会社が倒産した場合は、代わりの賃貸管理会社をみつけることで対処出来ます。
	コロナリスク	2020年5月末まで緊急事態宣言が延長され、テナントからの家賃減額や支払猶予の問題が本格的になっています。
10	回避方法　☞	執筆段階では次のような方向性のみが取りざたされています。①居住用物件は休業・解雇などにより収入が激減しない限り滞納の心配はありませんが、休業・解雇の場合は途端に支払いが苦しくなります。「一人一律10万円給付金」「住宅確保給付金」「総合支援資金」「緊急小口資金」などのフル活用を勧めています。②テナント物件は次のような流れです。テナントの売上が大幅に減少したので家賃の減免申請をしてくる。⇒オーナーに一義的に救いの手を求めるのは見当違いです。⇒まずは自助努力（休業協力金・持続化給付金等の公的支援、政府による無担保・無利子のコロナ対策緊急融資による資金調達、敷金・保証金を償却して、家賃に充当し、将来退去時に敷金・保証金は返還しないこと）で対応すべきです。⇒それでも無理な時には政府が考えている家賃支援によるべきです。⇒テナントとの交渉に応じるとしたら、家賃の減免ではなく、支払の猶予が交渉の基本となります。営業再開後支払猶予した金額を毎月の家賃に上乗せして返済していくという契約を担保することが交渉の基本となります。⇒それでもダメなら退去もやむ無し⇒次のテナントを募集するという決断が出来ていないと困りますが。早くテナントが立ち直れるよう万全の施策を期待したいところです。

相続税調査が来て 遺された家族が困らないように するための相続税対策

　相続税の調査に立会わなければならない相続人が特に困ってしまうことについて見ていきます。

１．相続税調査の立会いをする相続人は、
　　事業等や会社等の当事者ではない

　すなわち、自分のことや自分の会社のことならば、十分に説明が可能ですが、必ずしも、被相続人の相続財産についてよく理解しているものではありませんので、調査官の細かい質問に答えることは大変なことといえます。

　さらに、所得税や法人税の調査は、継続して事業を行っていれば、ある程度の周期をもって行われるのに対し、相続税の調査は必ずあるものではなく、あっても１回限りであるという特徴があります。

　それにもかかわらず、税務署は、相続人に対し税務調査を実施することになります。会社であれば経理責任者等が対応し、社長は結末を聞くだけで終わることがあるかもしれませんが、相続税調査では直接相続人が当事者となります。このような調査は誰でも受けたくはない、というのが本

音だと思います。

　相続税の申告を依頼している場合はもちろん、自分で申告書を作成した場合や、申告をしていなかった場合でも、税理士に調査の立会いを委任することが出来ます。

２．相続税の調査は誰が誰に対してなされるのか？

　国税局や税務署の職員が、納税者に対して、申告に係る証拠書類の提出を求めたり、直接訪問することを、税務調査といいます。

　調査を行うのは、通常は税務署の資産税担当の職員ですが、申告額が大きい場合等は、国税局の調査部門や資料調査課が担当します。この場合の方が、一般に調査は厳しくなります。

　その他、脱税事案等に対する査察部門によるものがありますが、ここでは対象といたしません。

　一方、調査を受けるのは相続税の申告書に署名捺印をした人、すなわち相続人全員となります。しかし、一般的には相続人代表等一部の人の立会いで行われることになります。

　それでは相続人の立場ごとに見ていきましょう。

(1) 配偶者だけの場合

　子供がいなくて配偶者だけが相続人の場合、被相続人の親や兄弟が相続人となることもありますが、通常は配偶者のみが立会うことが多いと思います。

　この場合、ふつう２人で生活をともにしてきたわけで、よくわかっているつもりでも、こと財産については、夫又は妻がすべてを管理している

ケースがけっこう見受けられます。そうなると、配偶者は調査官からの質問にほとんど答えることも出来ないことになってしまいます。

　また、認知症になった場合も考えて、財産一覧をあらかじめ作成して、その保管場所等も明らかにしておくことが、調査においても配偶者を困らせないことになります。

（2）配偶者と子供がいる場合

　被相続人に子供がいて、配偶者も健在ならば、両者が立会うことになりますが、配偶者が高齢であったり、認知症である場合は、子供だけが立会うことが多くなります。

　この場合、親と同居している子供と別居している子供では、やはり情報量の差は大きく、同居している子供は必ず立会いをされた方が良いでしょう。

　あらかじめ、子供が財産を管理していれば良いのですが、まったくそれに関わっていない場合は、調査では困ってしまうことでしょう。

　子供に、あらかじめ、財産の管理を任せたり、信託契約を締結することも有用ですが、それらをしない場合には、財産一覧を作成して、よく親子で話し合っておくことが良いでしょう。

（3）子供のみの場合

　二次相続で子供のみが相続人である場合、前述のように、同居、別居により情報量が大きく異なり、その対応も必要になりますが、問題は子供が一人なのか、複数なのかにより生ずることがあるということです。

　子供が一人ならば、調査で修正申告になっても自分自身の問題で終わ

りますが、複数の場合、他の兄弟の知らない贈与や名義預金があることがけっこう見受けられます。

　申告時には判らなかったのが、調査によって判明し、兄弟仲が悪くなるケースは決して少なくありません。

　兄弟といがみ合わないためにも、そのようなおそれがある場合は、申告時に、はっきりと相手の知らないことも話しておいた方が良いでしょう。

（4）子供と代襲相続人の場合

　兄弟であっても、相続税調査の立会いにはいろいろな困難が生じるのに自分の甥や姪が共同相続人になった場合は、なおさらです。

　甥や姪が相続財産にあまり執着がなく、分割も任せてくれている場合には、本人たちが立会いをすることもまずなく、問題は少ないです。

　逆に、権利を主張する若い人が代襲相続人の場合は、一緒に立会いして自分の取得財産が妥当なのか、むしろ相続人同士で意見が異なり、相続人間でもめてしまうこともあります。

　このようなことが起こらないように、普段から意識的につき合いを深め、一方的に申告の進め方を押し付けしないようにしましょう。

　遺言書がなければ、法律上は同等の権利を有します。

（5）兄弟だけの場合

　未婚のまま、あるいは離婚して子供がいない人の相続が増えています。当然、親は亡くなっていることが多く、兄弟が相続人になります。このケースの場合、兄弟でお互いの財産の内容を知っていることは稀です。当然相続税の申告も大変ですが、わかっているのは親のもとで一緒に暮らしてい

たころまでのことだからです。あとは、冠婚葬祭や盆暮れのつき合い、というのが一般的です。

　それでも調査がきた場合は、立会わなければなりません。まして、兄弟仲が悪く、つき合いもほとんどなかった場合は、何もわからない、というのが本当のところで、このような状況では調査の立会いも大変です。

　そのような仲の悪い兄弟に相続させたくない場合は、遺言書を作成することが重要です。

　兄弟には遺留分がないので、気に入った甥や姪がいれば、公正証書遺言にして相続させるか、あるいは社会のために公益法人等に財産を寄附するのもおすすめです。その場合も、調査立会いで困らないために、財産の内容を明らかにしておきます。

（6）その他の場合

　遠い親族や遺言による親族外の人に対する場合が考えられます。

　遠い親族の場合、あらかじめ被相続人から財産を譲るといわれていればその内容もわかっていますので、税理士から、いろいろとよく説明を受けることです。調査の立会いも税理士中心に進めてもらい、わからないことはわからない、というスタンスで調査を受ければ良いです。

　まったく予期しないで相続人になった場合は、本当にわからないわけですから、事情を説明するしかないです。

　親族外が遺産を受ける場合は、被相続人とかなり深い関係があると思われます。そうであっても財産の内容等に適切に答えるのは難しいので、税理士の助けを借りるのが良いでしょう。

　相続税の対象となる財産、債務を生前から把握して、相続人間でよく

話し合いがなされれば、決して相続税の調査でいやな思いをすることはありません。

　最近の資産構成の多様化、特に金融資産の複雑化、文書からデータへの移行による資産の見えない化、さらに高齢化に伴う認知症リスクの拡大、一人世帯の増加等々、相続税調査の立会いには困難性と問題が大きくなるばかりです。

　ぜひ、後に遺された相続人が、調査立会いにおいて困ったりいやな思いをしないように、よく話し合える機会を持ちましょう。

　その時に、経験豊富な税理士を含めることが、さらに調査を避けることにも通じますので、ぜひご検討ください。

《参考文献》
国税庁ホームページ

配偶者居住権を活用した節税と
小規模宅地等の特例

1．配偶者居住権を創設した趣旨

　近年の社会の高齢化の進展及び平均寿命の伸長に伴い、被相続人の配偶者が相続開始の時点で高齢となっており、かつ、その後も長期間にわたって生活を継続することも多くなっています。

　そして、高齢の配偶者は、住み慣れた居住環境での生活を継続しつつ、その後の生活資金を確保するため預貯金債権等の財産についても一定程度確保したいという希望を有する場合も多くなりました。

　そして、旧民法（〜 2020.3.31 までの相続）の遺産分割の手続において、配偶者が従前の居住環境での生活を継続したいという場合には、配偶者がその建物の所有権を取得することが考えられます。

　しかし、遺産分割で建物の所有権を取得する場合には、その評価額が高額となる場合も多く、配偶者がそれ以外の財産を十分に確保することが出来なくなり、ひいては老後の生活に問題が生ずるおそれがあります。

　そこで、新民法（2020.4.1 からの相続）では、配偶者が従前の居住環境での生活を継続しつつ、老後の生活資金も確保することが出来るようにするために、配偶者居住権という新たな権利を創設することとしました。

　すなわち、配偶者居住権を、配偶者がその建物に住むことだけが出来、

売却したり、人に自由に賃貸したりすることが出来ない権利（一身専属権）として構成し、所有権と比べて制約がある権利とすることにより、その分、評価額の圧縮が可能となるようにしています。

　これによって、配偶者は、遺産分割の際に、居住建物の所有権を取得する場合よりも低廉な価額で居住を確保することが出来、その分、預貯金債権等の老後の生活資金を確保することが出来るようになります。

　また、配偶者居住権の活用場面は遺産分割の場合に限られるものではなく、被相続人が遺言によって配偶者に配偶者居住権を取得させることも出来ることとしています。

　これによって、例えば、それぞれ子がいる高齢者同士が再婚した場合にも、自宅建物を所有する者（例：夫）は、遺言によって、その配偶者（例：後妻）に配偶者居住権を取得させてその居住権を確保しつつ、自宅建物の所有権については自分の子（例：先妻との子）に取得させることが出来ることとなり、被相続人の財産処分の選択肢を増やすことが出来ます。

２．配偶者居住権の権利の内容

　配偶者居住権は、配偶者がその居住建物の使用及び収益をすることが出来る権利であり、その法的性質は、【使用貸借ではあるが】賃借権類似の法定の債権と位置付けられています。

　また、配偶者が配偶者居住権を取得した場合には、配偶者居住権は居住建物の全部に及ぶこととされています（配偶者短期居住権については、「居住建物の一部のみを無償で使用していた場合にあっては、その部分について無償で使用する権利」とされていますが配偶者居住権についてはそのような限定は付されていません）。

　また、配偶者居住権については、賃借権とは異なり、居住建物の所有者

に対して配偶者居住権を設定する登記義務を課すこととしており、配偶者が配偶者居住権の登記を具備した場合には、その後に居住建物の所有者からその所有権を譲り受けた者に対しても、配偶者居住権を対抗することが出来ることとしています。

　配偶者居住権の存続期間は、存続期間を別途定めない場合には、終身の間（配偶者が死亡するまでの間）が存続期間となります。

３．配偶者居住権の具体例

　配偶者居住権を設定することのメリットについて具体例を用いて説明します。

　例えば、相続人が配偶者と子の２名で、遺産が2,000万円の価値がある自宅不動産と、預金3,000万円があるといったケースを考えると、配偶者の法定相続分は２分の１であるから、配偶者が自宅不動産を取得すると、預金は500万円しか取得することが出来ません。

　これに対して、配偶者居住権の制度を利用すれば、自宅不動産の価値を配偶者居住権の価値と、配偶者居住権の負担が付いた所有権に分けることが出来、例えば、配偶者居住権の価値が1,000万円と評価されるということになれば、配偶者はその他に預金を1,500万円取得することが可能となり、老後の生活資金を十分に確保することが出来ることになります。

■配偶者居住権の取得・消滅事由等と課税関係

		事由	民法条文	課税関係
取得原因	❶	遺産分割	1028 ①一	相続税の課税対象
	❷	遺贈（遺言書の作成日 2020.4.1 〜）	1028 ①二	
	❸	家庭裁判所が審判で定める	1029	
消滅事由等	⓫	合意解除		★贈与税の課税対象 消滅対価があれば総合譲渡所得課税（所法 60 ③・令 82 二）
	⓬	放棄		
	⓭	建物所有者による消滅請求	1032 ④	
	⓮	存続期間満了	1036，597 ①	※一身専属権は財産価値がないので相続税・贈与税は課税されません。
	⓯	配偶者の死亡	1036，597 ③	
	⓰	居住用建物全部滅失等	1036，616 の 2	
	⓱	配偶者が所有権の取得による混同	520	「所有権」の相続・遺贈・贈与➡相続税・贈与税の課税対象 「所有権」の購入➡譲渡者に譲渡所得課税

★　建物所有者等が配偶者居住権の合意解除等による対価を支払わなかった、または支払った対価が著しく低い場合に、原則として、消滅直前の配偶者居住権の価額に相当する利益等（対価の支払いがあった場合、その価額は控除）に対して、贈与税が課税、対価に対しては譲渡所得課税されます（その逆の場合も上記と同じになります）。

４．小規模宅地等の特例の趣旨

被相続人等が事業又は居住の用に供されていた宅地等のうち最小限必要な部分については、相続人等の生活基盤維持のため欠くことの出来ないものであって、その処分について相当の制約を受けるのが通常であります。

このような処分に制約のある財産について通常の取引価格（時価）を基とする評価額をそのまま適用することは国民感情からも実情に合致しないので、これについて財産評価基本通達等で時価評価した金額を、さらに租税特別措置法という法律で「相続税の課税価格の特例」として一定の面積分まで納税者が選択した場合のみ減額することを認めた特例制度です。

５．小規模宅地等の特例の図解

（１）特例の対象となる宅地等

Ａ１　特定事業用宅地等である小規模宅地等（郵便局舎敷地を含む）

Ａ２　特定同族会社事業用宅地等である小規模宅地等

　※Ａ１＆Ａ２を総称して（『Ａ＝特定事業用等宅地等』と表現します）

Ｂ　特定居住用宅地等である小規模宅地等（「Ｂ」と表現します）

Ｃ　貸付事業用宅地等である小規模宅地等（「Ｃ」と表現します）

（注）

　①一定の建物又は構築物の敷地用に供していなければなりません。

　②不動産業者が所有していた（棚卸資産である）販売用土地等などは適用外です。

　③被相続人から相続又は遺贈（【相続等】といいます）によって宅地等を取得した親族が、限度面積までの部分としてその個人が一定の方

法により選択した宅地等であることです。

（2）小規模宅地等の減額割合

①前記（1）の「A」に該当した場合…400m² について８０％減額です。

②前記（1）の「B」に該当した場合…330m² について８０％減額です。

③前記（1）の「C」に該当した場合…200m² について５０％減額です。

〈小規模宅地等の特例適用前の相続税評価額〉（全地積 500 ㎡と仮定）

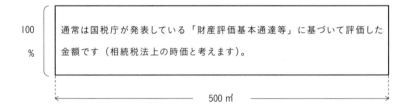

〈小規模宅地等の特例適用後の最終評価額〉（A特定事業用等宅地等の場合）

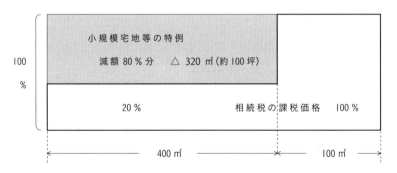

〈小規模宅地等の特例適用後の最終評価額〉（B 特定居住用宅地等の場合）

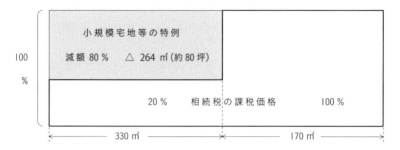

※ A と B のみ適用する場合、400m^2 ＋ 330m^2 ＝ 最大 730m^2 完全併用出来ます。
C に一部適用を受けると下記の計算式で計算した面積しか適用出来ません。

A × 200／400 ＋ B × 200／300 ＋ C ≦ 200m^2（措通 69 の 4-10）

※ C に適用した場合は最大で 200m^2 までという考え方のため「縮み計算」して
います。

〈小規模宅地等の特例適用後の最終評価額〉（C 貸付事業用宅地等の場合）

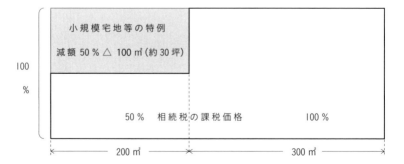

6．配偶者居住権と小規模宅地等の特例の関係

例　　甲＝被相続人（夫で父）　　法定相続人は下記の２名
　　　乙＝配偶者（後妻）　丙＝他の相続人（先妻の子）
小規模宅地等の特例は、第１審査➡第２審査➡第３審査の全てを満た
した場合受けられます。

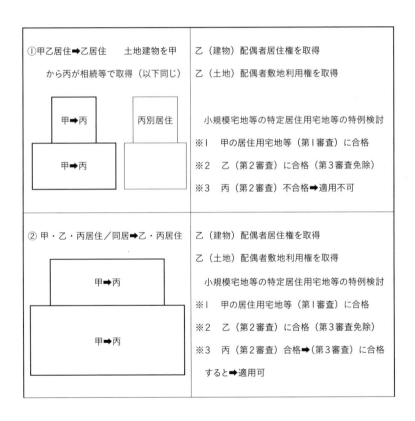

①甲乙居住➡乙居住　　土地建物を甲
　　から丙が相続等で取得（以下同じ）

甲➡丙　　　丙別居住

甲➡丙

乙（建物）配偶者居住権を取得

乙（土地）配偶者敷地利用権を取得

　　小規模宅地等の特定居住用宅地等の特例検討

※１　甲の居住用宅地等（第１審査）に合格

※２　乙（第２審査）に合格（第３審査免除）

※３　丙（第２審査）不合格➡適用不可

② 甲・乙・丙居住／同居➡乙・丙居住

甲➡丙

甲➡丙

乙（建物）配偶者居住権を取得

乙（土地）配偶者敷地利用権を取得

　　小規模宅地等の特定居住用宅地等の特例検討

※１　甲の居住用宅地等（第１審査）に合格

※２　乙（第２審査）に合格（第３審査免除）

※３　丙（第２審査）合格➡（第３審査）に合格

すると➡適用可

③【具体例の計算】地積 500 ㎡ 自用地評価額 100,000,000（①別居の場合）

| 敷地利用権／例 70 ％ | ←小規模ＯＫ |
| 所有者の土地／例 30 ％ | |

【みなし特例対象宅地等の面積】

乙 500 ㎡ × 70 ％＝ 350 ㎡

　※３３0㎡が限度面積

70,000,000×330/350×80％＝▲52,800,000

④【具体例の計算】地積 500 ㎡ 自用地評価額 100,000,000（②同居の場合）

| 敷地利用権／例 70 ％ | ←小規模ＯＫ |
| 所有者の土地／例 30 ％ | ←小規模ＯＫ |

【みなし特例対象宅地等の面積】

乙 500 ㎡ × 70 ％＝ 350 ㎡

丙 500 ㎡ × 30 ％＝ 150 ㎡

★共有持分的な考え方を導入

乙 70,000,000 × 180/350 × 80 ％＝▲ 28,800,000

丙 30,000,000 × 150/150 × 80 ％＝▲ 24,000,000

※　乙・丙の同意要件あり（丙を優先）計 52,800,000 ＝ 自用地１億円 ×330/500×80％

⑤その後配偶者が、期間満了・死亡・建物滅失等で消滅した場合（相基通９−13 の 2）（注）

・（建物）配偶者居住権／建物の所有者に溶け込まれるが相続税の課税関係は生じない。

・（土地）同敷地利用権／土地の所有者に溶け込まれるが相続税の課税関係は生じない。

《参考文献》

「図解　民法（親族・相続）」監修　田中千草 他　大蔵財務協会
2019 年版

「令和元年度改正対応版 Q & A 小規模宅地特例の活用」高橋安志
ぎょうせい　2019 年版

物納を考えている人の注意点

　物納制度は、税制改正により、品目が追加されました。物納は不動産だけしか出来ない、と思っている人もいますが、株式や美術品も出来ますので、現金が無い人は、物納を検討するのも一つです。

　しかし、物納出来る財産順位は決められておりますので、順位に従って、物納することになります。

　上場株式等が第1順位にありますので、株価に応じては、物納することも考えられるでしょう。

　第1順位 ① 不動産、船舶、国債証券、地方債証券、上場株式等（特別の法律により法人の発行する債券及び出資証券を含み、短期社債等を除く）② 不動産及び上場株式のうち物納劣後財産に該当するもの

　第2順位 ③ 非上場株式等（特別の法律により法人の発行する債券及び出資証券を含み、短期社債等を除く）

　④ 非上場株式のうち物納劣後財産に該当するもの

　第3順位 ⑤ 動産 、美術品

　（注）相続開始前から被相続人が所有していた特定登録美術品は、順位によることなく物納に充てることの出来る財産とすることが出来ます。特定登録美術品とは、「美術品の美術館における公開の促進に関する法律」に定める登録美術品のうち、その相続開始時において、すでに同法による

登録を受けているものをいいます。

　美術品は、第3順位にありますが、特定登録美術品は、不動産や上場株式等と並んで第1順位で物納することが出来ます。

　不動産を物納する場合は、生前から対策が必要となりますので、注意してください。

1. 物納に対する生前対策

(1) 生前測量が必要

　境界の確認のためには、測量や地積更正は大切で、それに要した費用は生前に相続財産を減少させる効果があります。よって、これらの作業は、生前にやっておくべきでしょう。

(2) 生前にしておくべき事項

　①隣接地主との境界を確定させる

　②土地の測量図の整理と実測図により地積更正登記をする

　③貸宅地についての借入人を特定させる

　④正式な書式による貸地契約と適正地代への改訂契約をすすめる

　⑤借地権者へ底地を売却する

　⑥等価交換により借地権者から貸地を返してもらう

　⑦土地の有効活用を図る中で物納または売却予定地を確保する

　⑧二次相続時の物納用地または売却用地を確保する

　⑨物納が可能なように遺言と遺産分割の内容を検討する

（3）物納は収納されるまで手間と時間がかかりすぎる

　①申請から収納に至るまでの手続きが複雑なために、税務署から要求される物納条件の整備に時間がかかりすぎます。特に複雑な権利関係がある場合は、その整理や抹消手続等のため、さらに手間と時間がかかります。

　②物納を許可する段階で、税務署側で書類が完全だと思っても、財務局から再度詳しい実測図の提出を求められ、測量図を2回も提出させられる場合もあります。

2．物納制度の概要

（1）審査期間の法定

　物納申請書が提出された場合は、申請期限から3か月以内に許可または却下を行います。ただし、この3か月の審査期間には、提出書類の不備による物納申請者からの延長申請期間や、収納するために納税者が行う必要な措置(条件整備等)にかかる期間は含まれません。

　提出書類が完全なのに、この3か月の審査期間内に許可または却下をしない場合は、税務署長は物納許可したとみなします。

　なお、申請財産の状況によっては、最長で9か月まで延長する場合があります。

（2）手続等の明確化

　管理処分不適格な財産の範囲が限定されるとともに、同じ種類の財産

でも物納にあてる順位が劣後となる財産が定められています。また、財産ごとに必要な提出書類が明示されています。

（3）物納手続関係書類の提出期限

　納期限または納付すべき日までに物納申請書に物納手続関係書類を添付して提出しなければなりません。物納手続に必要な書類の記載に不備、あるいは必要な書類の提出がなかった場合には、２０日以内に補正又は提出しなければ、物納申請をとり下げたものとみなされます。ただし、期限までに物納手続関係書類を提出出来ない場合は、届出により提出期限の延長（最長１年）が認められます。

（4）延長届出書の種類

　物納手続関係書類提出期限延長届出書
　収納関係措置期限延長届出書
　物納手続関係書類補完期限延長届出書

（5）物納の再申請等

　物納申請した財産が管理処分不適格と判断された場合には、従来求めていた財産の変更要求ではなく、物納申請が却下されますが、その却下された財産に代えて１回に限り、他の財産による物納の再申請を行うことが出来ます。

　なお、延納により金銭で納付することを困難とする事由がないことを理由として、物納申請の却下があった場合に、物納から延納へ変更するこ

とが出来る場合があります。

（6）条件付許可

　汚染物質除去の履行義務などの条件を付されて物納の許可を受けた後に、許可財産に土壌汚染等の瑕疵があることが判明した場合は、汚染の除去等の措置を求められます。

　なお、物納許可後5年以内に上記の措置を求められ、それが出来ない場合には、物納許可がとり消されるのでご注意ください。

（7）利子税の納付

　物納申請した場合には、物納財産を納付するまでの期間に応じ、一定の利子税の納付が必要です。ただし、税務署の手続に要する期間は利子税が免除されます。

（8）物納申請書に添付して提出すべき物納手続関係書類（例：更地の場合）

　物納申請期限までに物納申請書に添付して提出してください。

3．物納申請から収納までの流れ

（1）物納申請

	共　　通	土地の状況によって追加が必要なもの	
更地 （借地権の 設定が ないもの）	所在地（住宅地図）、公図の写し、登記事項証明書（登記簿謄本）、地積測量図、境界確認書、道路敷境界明示書、土地の維持管理に要する費用の明細書、所有権移転に必要な書類の提出を約する旨の申出書	工作物等の越境物がある場合	工作物等の越境の是正に関する確約書
		建築基準法43条1項の道路に接していない場合	隣地を通行することを承諾した書類
		電柱がある場合	電柱等に係る土地の使用承諾書の写し
		仮換地の場合	仮換地指定通知書の写し

①申告期限内に「相続税物納申請書・物納手続関係書類一式」を添付の上、申請します。

②ただし、その申請は金銭納付を困難とする事由があること、延納での分割納付が困難な場合に限られています。

③「物納手続関係書類」については、土地、建物、立木、船舶、非上場株式、動産等の財産の種類ごとにそれぞれ必要となる提出書類が規定されていますが、土地と建物に関しては、物納申請したものの状況に応じてさらに詳細に規定されています。

（2）提出書類の一例

①所在地（住宅地図）、公図の写し、登記事項証明書（登記簿謄本）
②地積測量図、隣接地主との境界確認書、道路敷境界明示書（道路査定書）
③分筆および合筆登記、実測図により地積更正、公図訂正後の書類
④隣接地主の登記簿謄本および名簿一覧表
⑤その他必要書類を提出する旨の確約書

（3）形式審査

①税務署（国税局）から提出書類のチェックを受け、不足書類があれば
　すみやかに提出するようにとの催促があります。
②「物納不適当財産」が含まれていないかどうか、書類上での確認調査
　があります。
③前向きに処理する方法で物納物件の適否の検討に入ります。
④不適当財産があれば、却下の手続がとられます。

（4）現地調査

①税務署または国税局から現地確認と調査があります。
②物納申請物件によっては、その後に財務局からも現地の確認調査があ
　ります。

（5）確認調査

①駐車場の空地化と、田畑の雑種地への地目変更登記完了の確認があり

ます。

②境界標の確認と空地を木の杭と鉄線で囲んであるか否かの確認があります。

③確認後、②の証明のために現況写真を提出します。

（6）物納申請物件を次の３つに区分し、処理の円滑化を図っている

①税務署（国税局）で適当と認めるもの

②税務署（国税局）で不適当と認めるもの

③財務局の意見をきく必要のあるもの

（7）収納許可

①収納価額は、原則として相続税の課税価額計算上の評価額によります。

②「許可通知書」が到着すれば、同封されている「所有権移転登記承諾書」に必要事項を記入の上実印を押し、印鑑証明書を添付して返送します。

③職権により所有権移転登記が完了し、収納されます。

（8）その他のポイント

①収納許可が下りるまでの収入は、全部地主のものであり家賃・地代・更新料は収納直前まではもらっても良いことになっています。

②固定資産税の納付は、免税手続きを簡単にするため、全期前納よりも年４期の分割納付が得です。全額一括納付している場合は、還付手続が面倒になります。

③不動産を物納申請した後の実際の業務は、ほとんどが測量士、土地家屋調査士の仕事ですが、税務署との窓口は税理士がならざるを得ないため、絶えずこれらの専門家と連絡を密にして早く処理を進めることが肝心です。

4. 物納制度のフローチャート

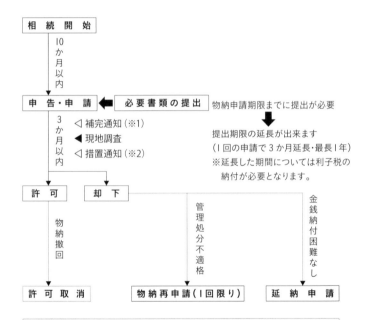

※1 補完通知：書類の提出や記載の不備の訂正を求める通知
※2 措置通知：廃棄物の撤去等収納のために必要な措置を求める通知

5．物納管理処分不適格財産と物納劣後財産の不動産

(1) 物納管理処分不適格財産は次の13種類

①担保権が設定されていることその他これに準ずる事情がある不動産

②権利の帰属について争いがある不動産

③境界が明らかでない土地

④隣接する不動産の所有者その他の者との争訟によらなければ通常の使用が出来ないと見込まれる不動産

⑤他の土地に囲まれて公道に通じない土地で民法第210条の規定による通行権の内容が明確でないもの

⑥借地権の目的となっている土地で当該借地権を有する者が不明であること、その他これに類する事情があるもの

⑦他の不動産(他の不動産の上に存する権利を含む)と社会通念上一体として利用されている不動産もしくは利用されるべき不動産または二以上の者の共有に属する不動産

⑧耐用年数（所得税法の規定に基づいて定められている耐用年数）を経過している建物

⑨敷金の返還に係る債務その他の債務を国が負担することとなる不動産（申請者において清算することを確認出来る場合を除く）

⑩管理または処分を行うために要する費用の額がその収納価額と比較して過大となると見込まれる不動産

⑪公の秩序または善良の風俗を害するおそれのある目的に使用されている不動産その他社会通念上適切でないと認められる目的に使用されている不動産

⑫引渡しに際して通常必要とされる行為がされていない不動産（①に

掲げるものを除く）

⑬地上権、永小作権、賃借権その他の使用および収益を目的とする権利が設定されている不動産で暴力団員等がその権利を有しているもの

（2）物納劣後財産は次の13種類

①地上権、永小作権もしくは耕作を目的とする賃借権、地役権または入会権が設定されている土地

②法令の規定に違反して建築された建物およびその敷地

③土地区画整理法による土地区画整理事業等の施行に係る土地につき仮換地または一時利用地の指定がされていない土地 (当該指定後において使用又は収益をすることが出来ない土地を含む)

④現に納税義務者の居住の用または事業の用に供されている建物およびその敷地 (当該納税義務者が当該建物およびその敷地について物納の許可を申請する場合を除く)

⑤配偶者居住権の目的となっている建物およびその敷地

⑥劇場、工場、浴場その他の維持または管理に特殊技能を要する建物およびこれらの敷地

⑦建築基準法第43条第1項に規定する道路に2m以上接していない土地

⑧都市計画法の規定による都道府県知事の許可を受けなければならない開発行為をする場合において、当該開発行為が開発許可の基準に適合しないときにおける当該開発行為に係る土地

⑨都市計画法に規定する市街化区域以外の区域にある土地 (宅地として造成することが出来るものを除く)

⑩農業振興地域の整備に関する法律の農業振興地域整備計画において
農用地区域として定められた区域内の土地

⑪森林法の規定により保安林として指定された区域内の土地

⑫法令の規定により建物の建築をすることが出来ない土地(建物の建築
をすることが出来る面積が著しく狭くなる土地を含む)

⑬過去に生じた事件または事故その他の事情により、正常な取引が行
われないおそれがある不動産およびこれに隣接する不動産

6. 金銭納付を困難とする理由のある場合のみ申請が受理

(1) 物納の条件

物納申請は、現金納付に対する特例であり「延納によっても金銭で納
付することを困難とする事由があり、かつ、その納付を困難とする金額の
限度」において認められます。

(2) どうしようもない最後の最後が物納

したがって、物納申請者の相続税額から次の順序で納付可能額を差引
き、最後に残った税額についてのみ物納申請が可能になります。

①相続人が相続した金銭等

②相続人固有の金銭等

③所得に応じて計算される年間の納税資金の20年間分の延納可能額

（3）物納申請書と金銭納付を困難とする理由書をまず読む

①上記 (2) の内容を知らないまま最初から安易に「物納予定額」を決め
　てしまうことは、失敗を招く原因にもなりかねません。

②分割協議が終わり、相続登記も完了し、いざ物納申請をしようと理
　由書を記入する段階になって初めて、最後の記入項目である物納の
　欄に達しないでその前の延納の項目の欄で終わってしまうことに気
　づき、大いに慌ててしまいます。

（4）家庭の主婦はまったく問題なし

①土地だけを相続した人が一般主婦でまったく所得のない場合は、夫
　の源泉徴収票を添付することにより、配偶者控除の適用を受けてい
　れば夫に扶養されていることが確認出来ます。

②夫の事業の青色事業専従者になっていたり、他に勤務していて給与
　収入がある人の場合でも、その額が本人の生活費程度であり、しか
　も近い将来に土地譲渡等の臨時収入の見込みがなければ、物納申請
　はまったく問題はありません。

（5）所得が多ければまず延納で

　物納申請者が申請に際して経常的所得を示すために提出する確定申告
書または源泉徴収票により、所得から借金、生活費、税金、保険料等を差
し引き、その残りが仮に年間５００万円あったとすれば、その額が年間の
納税可能資金とみなされ、２０年の最高延納期間を乗じた１億円が延納可
能額となります。

　　　　延納可能額　＝　５００万円　×　２０年　＝　１億円

（6）大金が入る人の場合

　近々入金見込みのある人は、延納による金銭納付が可能なため、それに見合う税額は物納申請の対象には入らなくなります。

　①貸付金の回収がある

　②多額の退職金が入る

　③不動産を譲渡する見込みがある

（7）退職金がゴッソリ入った人の場合

　一流企業のサラリーマンで、退職金を３，０００万円受取った人は、次の理由があれば、金銭納付を免れ物納申請は可能です。

　①本人に子供が３〜４人いて、まだ１人も結婚していない

　②大学生もいて学費の負担がある

　③住宅ローンの返済が引き続き残っている

　④老後の生活費の確保が必要である

（8）相続人固有の預金の残高証明までは不要だが理由書は上手に書く

　以上のように、理由書の記入内容次第で金銭納付 → 延納 → 物納へと段階的に線引きがなされるため、物納を決めたらまず最初に理由書の内容とその記入方法をよく確認しておくことが大切です。

《参考文献》

法律・税金・経営を学ぶ会主催 DVD 「資産税の税制改正・消費税還付・民法改正施行」 2020 年 3 月 26 日撮影　講師：深代勝美氏

https://www.houzeikei.com/dvd/280

自筆証書遺言の改正施行と法務局の保管

1．相続法の改正

　民法の相続に関することを規定した部分が「相続法」です。相続法では、相続に関するトラブルを防ぐために、誰が相続人となり、また、何が遺産になり、被相続人の権利義務がどのように受け継がれるかなど、相続の基本的なルールが定められています。

　相続法は、１９８０年に改正されて以降、大きな改正は行われていませんでしたが、高齢化の進展など、社会環境の変化に対応するため、２０１８年、約４０年ぶりに大きな改正が行われました。

　その改正の中の一部に、遺言の利用を促進し、相続をめぐる紛争を防止する観点から、新たに２つの制度が設けられました。

　①自筆証書遺言の方式緩和
　②法務局における自筆証書遺言の保管制度の創設（遺言書保管法）

2．自筆証書遺言の方式緩和

　これまで、自筆証書遺言は、添付する目録も含め、全文を自書（自ら

書くこと）して作成する必要がありました。その負担を軽減するため、遺言書に添付する相続財産の目録については、パソコンで作成した目録や通帳のコピーなど、自書によらない書面を添付することによって、自筆証書遺言を作成することが出来るようになりました（２０１９年１月１３日施行）。

（１）改正の概要

　民法は、自筆証書遺言をする場合には、遺言者が、遺言書の全文、日付及び氏名を自書して、これに印を押さなければならないものと定めています。

　今回の改正によって、自筆証書によって遺言をする場合でも、例外的に、自筆証書に相続財産の全部又は一部の目録（以下「財産目録」）を添付するときは、その財産目録については自書しなくても良いことになりました。

　ただし、自書によらない財産目録を添付する場合には、遺言者は、その財産目録の各ページに署名押印をしなければなりません。

（２）財産目録の作成

　遺言書には、「Ａを甲に遺贈する」とか、「Ｂを乙に相続させる」といった記載がされます。遺言者が多数の財産について遺贈等をしようとする場合には、例えば、本文に「別紙財産目録１記載の財産を甲に遺贈する」とか「別紙財産目録２記載の財産を乙に相続させる」と記載して、別紙として財産目録１及び２を添付するのが簡便な方法です。

　このように、遺贈等の目的となる財産が多数に及ぶ場合等に財産目録が作成されます。

（3）財産目録の形式

　財産目録の形式については、署名押印が必要なこと以外は、特段の定めはありません。したがって、書式は自由で、遺言者本人がパソコン等で作成しても良いですし、遺言者以外の人が作成することも出来ます。

　また、例えば、土地について登記事項証明書を財産目録として添付することや、預貯金について通帳の写しを添付することも出来ます。ただし、いずれの場合であっても、財産目録の各ページに署名押印する必要があります。

（4）財産目録への署名押印

　改正後の民法は、遺言者は、自書によらない財産目録を添付する場合には、その「各ページ（自書によらない記載がその両面にある場合にあっては、その両面）」に署名押印をしなければならないものと定めています。

　つまり、自書によらない記載が用紙の片面のみにある場合には、その面に署名押印をすれば良いのですが、自書によらない記載が両面にある場合には、両面にそれぞれ署名押印をしなければなりません。

（5）財産目録の添付の方法

　自筆証書に財産目録を添付する方法について、特別な定めはありません。

　なお、今回の改正は、自筆証書に財産目録を「添付」する場合に関するものなので、自書によらない財産目録は、本文が記載された自筆証書とは別の用紙で作成される必要があり、本文と同一の用紙に自書によらない

記載をすることは出来ません。

（6）自書によらない財産目録の中の記載を訂正する場合

　自書によらない財産目録の中の記載を訂正する場合は、自書による本文の訂正と同様に、遺言者が、変更したい場所に、変更した内容を記載して、そこに署名し、かつ、その変更の場所に押印する必要がありますが、財産目録自体をそっくり差し替えて署名押印をし直すのが無難です。

3．法務局で自筆証書による遺言書が保管可能に

　自筆証書による遺言書の問題として、遺言書が自宅で保管されることが多いため、せっかく作成しても紛失、亡失したり、相続人により遺言書が廃棄、隠匿、改ざんされたりするおそれがありました。そこで、こうした問題による相続に関する紛争が生じることを防止し、自筆証書遺言をより利用しやすくするため、法務局で自筆証書による遺言書を保管する制度が創設されました。（２０２０年７月１０日施行）

（1）遺言書の保管申請の方法

　自筆証書遺言を作成した人は、法務大臣の指定する法務局（東京法務局の場合、本局、板橋出張所、八王子支局、府中支局、西多摩支局の５か所）に、遺言書の保管を申請することが出来ます。保管の申請の対象となるのは、自筆証書によって作成された遺言書（自筆証書遺言書）のみです。

　また、遺言書は、封のされていない法務省令で定める様式に従って作成されたものでなければなりません。

遺言書の保管に関する事務は、法務局のうち法務大臣の指定する法務局（遺言書保管所）において、遺言書保管官として指定された法務事務官が行います。

遺言書の保管の申請は、遺言者の住所地もしくは本籍地又は遺言者が所有する不動産の所在地を管轄する遺言書保管所の遺言書保管官に対してすることが出来ます。

遺言書の保管の申請は、遺言者が遺言書保管所に自ら出向いて行わなければなりません。申請時に、遺言書保管官は、申請人が本人であるかどうかの確認と、遺言書の様式に不備がないかの形式的な確認をしますが、遺言の内容についての相談は出来ません。

遺言書保管官による遺言書の保管及び情報の管理保管の申請がされた遺言書については、遺言書保管官が、遺言書保管所の施設内において原本を保管するとともに、その画像情報等の遺言書に係る情報を管理します。

（２）遺言者による遺言書の閲覧、保管の申請の撤回

遺言者は、保管されている遺言書について、その閲覧を請求することが出来、また、遺言書の保管の申請を撤回することが出来ます。

保管の申請が撤回されると、遺言書保管官は、遺言者に遺言書を返還し、遺言書に係る情報を消去します。

遺言者の生存中、遺言者を除く人は、遺言書の閲覧等を行うことは出来ません。

（３）遺言書の保管の有無の照会及び相続人等による証明書の請求

相続が発生した後には、自分（請求者）が相続人、受遺者、遺言執行者（以

下「相続人等」）となっている遺言書（関係遺言書）が遺言書保管所に保管されているかどうかを証明した書面（遺言書保管事実証明書）の交付を請求することが出来ます。遺言者の相続人等は、遺言者の死亡後、遺言書の画像情報等を用いた証明書（遺言書情報証明書）の交付請求や遺言書原本の閲覧請求をすることが出来ます。相続人等が、遺言書情報証明書の交付を受けたり、遺言書を閲覧すると、遺言書保管官は、速やかに、当該遺言書を保管している旨を、その人以外の相続人等に通知します。

（4）遺言書の検認の適用除外

遺言書保管所に保管されている遺言書については、家庭裁判所の遺言書の検認の必要がありません。検認の必要がないため、そのまま不動産の相続登記や金融資産の名義変更等に使用することが可能になります。

（5）遺言書の有効性

自筆証書遺言書の保管制度は、自筆証書遺言を単に保管するための制度なので、遺言書の内容の正確性や、遺言書の有効性を保証することは出来ません。そのため、相続開始後の紛争の防止に役立つのは、公正証書遺言になります。公正証書遺言であれば、公証人が作成時に本人に遺言の内容について間違いない旨の意思確認を必ず行うため、遺言書の有効性が問題になることは自筆証書遺言に比べて少ないと言えます。

■自筆証書遺言書の保管制度　と　公正証書遺言　の比較

	遺言書保管制度	公正証書遺言
保 管 場 所	・法務局	・公証役場
場所の選択	・遺言者の住所地 ・遺言者の本籍地 ・遺言者が所有する不動産の所在地を所轄する法務局	・公証役場であればどこでも
検索システム	・生前 　遺言者本人のみ ・相続開始後 　関係相続人等	・生前 　遺言者本人のみ ・相続開始後 　関係相続人等
閲 覧 書 類	・遺言書原本 ・遺言書保管事実証明書 ・遺言書情報証明書	・遺言書原本
保 管 期 間	・遺言者の相続開始後 　５０年（現物） 　１５０年（遺言書保管ファイル）	・原則２０年
裁判所の検認	・不要	・不要
遺言者の意思確認	・意思確認する人がいない	・公証人
偽造、変造、隠匿	・遺言書の保管後は心配がない	・心配がない
通知制度	・遺言書情報証明書の交付 ・遺言書の閲覧があった場合 　他の関係相続人等に通知する	・通知制度なし
本人が出向けない場合	・遺言書保管官の出張制度なし	・公証人の出張制度あり
手　　間	・自筆の遺言書を持ち込む	・事前に公証人と打ち合わせ ・公証人が作成 ・証人２名以上の立会必要
遺言内容の有効性	・有効性が争われる可能性あり	・有効性が問題になることが少ない

《参考文献》

政府広報オンライン・法務省ホームページ

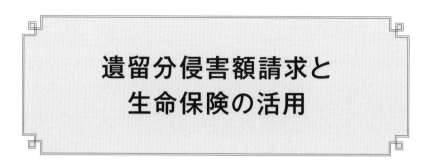

遺留分侵害額請求と生命保険の活用

　相続財産は、被相続人の意志で自由に処分することが出来ますが、遺言書を作成せずに死亡したときは、相続人の話し合いで遺産分割をすることになります。これで、決定しないときには、家庭裁判所に判断を仰ぐことになります。その際、判断基準となるのが民法上の法定相続分であり、これに従うことになります。

■法定相続分

相続人の状況	割合
配偶者のみ、子供のみ	全て
配偶者と子供	各1/2
配偶者と直系尊属	2/3：1/3
配偶者と兄弟姉妹	3/4：1/4

遺留分とは

　兄弟姉妹以外の相続人において著しい不公平な事態があるようであれば、それに備えて被相続人との関係において相続人に最低限の相続割合を保障するものです。

　具体的には、次の例でご説明します。（図表 1）

　この家族において被相続人である父が死亡しました。母が亡き後、父は長女（独身）と同居し生活全般について面倒を見てもらったという感謝の気持ちがあり、全財産（自宅 5,000 万円）を長女に譲る旨の公正証書遺言を作成していました。

　その結果、長男は同じ子供であるのに相続財産を全く譲り受けることが出来ないことになります。

　これでは著しく不公平であるとして民法では法定相続分に一定の割合を乗じた部分（この場合は 1,250 万円（相続財産の 1/4））について長男が受け取る権利を保障しています。

■図表 I

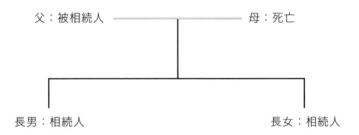

■図表2

	遺留分
直系尊属	相続財産の1/3
配偶者だけ、子だけ	相続財産の1/2（子が複数の場合は均等に割ります）
配偶者及び直系尊属	相続財産の1/2（遺留分から更に法定相続分で割ります。相続財産の1/2を配偶者2/3、直系尊属1/3）
配偶者及び子	相続財産の1/2（遺留分から更に法定相続分で割ります。配偶者1/2 子1/2で更に子が複数の場合は子の遺留分を均等に割ります）

法定相続分と遺留分の関係

　相続において相続人に相続財産が引き継がれる際に、遺言書がない場合に最終的に使われるのが法定相続分であることは、既に説明しました。

　一方、遺言書がある場合に不平等な分割が行われていた時は、それによって不利益を受けた相続人が一定の手続きをすることにより遺留分までは取り返すことが出来るというものです。

民法改正

　2019年7月1日より遺留分に関する制度が変更になりました。

　まず、改正後も変更がないものが手続きについてです。相続があった

日および遺留分を侵害する贈与または遺贈があったことを知った日から1年以内に遺留分侵害者に請求をするということです。この期限を過ぎてしまうと請求は出来なくなりますので注意が必要です。相続開始の時から10年を経過した場合も同じです。

　ただ、相続人間で特に異議がない場合には関係ありません。

遺留分減殺請求から遺留分侵害額請求へ

　これまでは遺留分減殺請求がなされると対象財産が共有（状態）となり、相続が円滑に行われなくなるという弊害がありました。

　そこで先ほどの例では、今回の改正で相続人の一人（長男）が遺留分を侵害されている場合にはその侵害されている部分を金銭債権（1,250万円）として長男が長女に支払うよう請求する権利が生じることになります。上記の金額を支払わないときは、債務不履行となり遅延損害金が発生します。

　なお、長男から長女が金銭請求を受けた場合、長女が直ちに金銭準備出来ないときには、裁判所に期限の許与を求めることが出来ることになりました。

遺留分侵害額請求について

　この改正により今までの相続事業承継を阻害していた上記の問題が解決しました。そのメリットを挙げてみます。

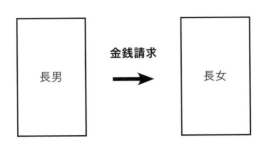

①メリット1

　従来の遺留分減殺請求で共有関係が当然に生じていたことを回避することが出来る。

②メリット2

　遺贈や贈与の目的財産を受贈者等（ここでは長女）に与えたいという遺言者（ここでは父）の意志を尊重することが出来る。

　一方、新たな問題が発生しました。それは、長男に金銭で遺留分を侵害している部分1,250万円を長女から長男に支払わなければいけなくなりました。

遺留分侵害請求の変更

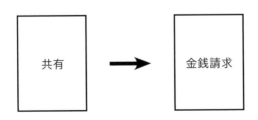

遺留分侵害額請求の解決策

　民法改正により新たに遺留分侵害額請求制度が出来、問題解決の方法として現金の重要性が高まりました。これについて次の3つの方法があると考えられます。

　①現金で用意
　現金が潤沢にあるときは特に問題がありませんが、特に自社株や不動産など分割しづらい財産が多い場合には特定の相続人にその財産が集中してしまうことになります。当然のことながら、遺留分の解決方法として現金が必要となります。納税と遺留分侵害額請求の金銭債務の支払いに備えてコツコツと積立てをすることになります。ただ、その金額が大きい場合は実際には間に合わないことが多いようです。

　②借入
　現金で準備出来ないようでしたら親族や銀行から借りるという方法がありますが、この場合、相続等を受けた相続財産は流動（現金）化が困難なため、新たに借入の返済が出来ないなどの問題が生ずることが予想されます。

　③生命保険
　現金での用意や他からの借入がうまくいかない場合に有効になるのが生命保険です。
　相続税の納付は相続の開始があったことを知った日の翌日から10か月以内での現金納付が原則です。納税資金が十分でない場合には、生命保険でその必要な資金を事前に準備することが出来るのです。

　さらに、今回の遺留分侵害額請求の解決策としても生命保険は有益な
ものとなります。

生命保険と税金について

　生命保険は、契約時に交わされる契約形態によって保険金等に課税さ
れる税金が異なります（図表3）。

　生命保険契約に基づいて支払われる死亡保険金は、表のような契約形
態によって課税される税金が異なります。㋑契約者と被保険者が同じ場合
は相続税、㋺契約者と死亡保険金受取人が同じ場合は所得税、㋩契約者・
被保険者・死亡保険金受取人がすべて異なる場合は、贈与税が課税されま
す。実際に相続対策に生命保険を活用するときには、どのような税金がど
のくらいかかるか考慮することが重要です。

■図表3　生命保険の課税関係

課税関係	契約者	被保険者	保険金受取人
㋑相続税	父：被相続人	父：被相続人	長女：相続人
㋺所得税	長女：相続人	父：被相続人	長女：相続人
㋩贈与税	父：被相続人	長女：相続人	長男：相続人

生命保険の加入形態

下記の2つが、ここでは有効な主な契約形態となります。

①相続税が課税

契約者	被保険者	受取人
父：被相続人	父：被相続人	長女：相続人

または

②所得税が課税

契約者	被保険者	受取人
長女：相続人	父：被相続人	長女：相続人

①は、代表的なもので、受け取る死亡保険金の一部が非課税となり、受取人は遺留分侵害額請求された場合の、債務者である長女になります。

②は、また、契約者と死亡保険金受取人は長女となります。この場合は、死亡保険金は相続税の対象ではなく、長女の所得税の一時所得となります。

一時所得＝（死亡保険金－支払保険料累計額－50万円）× 1/2

税制上、かなり有利となることがあります（保険会社の保険商品によって、機能の違いがあり生命保険を相続対策に活用する際は確認が必要になります）。

　次に、生命保険のメリットについて確認しておきます。

　相続に際して預貯金は当然には分割されず、分割財産になります（最高裁判例 2016 年 12 月 19 日）。財産分割協議書を金融機関に提出するまでは、被相続人の預貯金は凍結され、自由に引き出すことが出来ません。これを踏まえて、2019 年 7 月施行の改正民法で導入しました。具体的には、家庭裁判所の判断を経ずに金融機関ごとで預金額に相続割合を掛けたものに 1/3 を乗じた金額と、150 万円のいずれか少ない金額まで、相続人単独で払戻が出来るものです。

　このように、預金を相続した場合、相続人が即時に多額の現金を用意するのに、手続き上の制限があるのです。

単独で払戻が出来る額（上限 150 万円）

$$= \frac{\text{相続開始時の預金額}}{(\text{口座・明細基準})} \times 1／3 \times \frac{\text{払戻を行う}}{\text{相続人の法定相続分}}$$

　民法改正に伴い、遺留分を侵害された相続人の権利が強化されたことで、相続があったときに即時に現金が用意出来る生命保険は、大変有効な方法になりえると考えられます。

贈与か？ 相続財産か？

　通常の生活の中においても、ふとしたことで高価な財産を譲り受けることがあると思います。そのうち、現金や預金を得ることになった場合の税務について検討します。

1．贈与

　贈与とは、ある財産を無償で他者に与えることを内容とする、民法に規定された契約行為です。

　贈与により財産を取得した場合には、その取得者に贈与税の納税義務がありますが、一定の財産の取得については、贈与税が課されません。

2．相続

　相続とは、個人の死亡により、その者と法律上の関係のある他の個人（配偶者や子ども、親、きょうだい等）が、死亡した個人の財産や権利を、包括的に承継する行為です。

　相続により財産を取得した者は、一定の要件を満たす場合には相続税の納税義務があります。

3．贈与税か？　相続税か？

（1）扶養義務者相互間における金銭の授受

　相続対策のためでなくとも、結婚資金のためや生活、教育のために夫婦や親子、きょうだい間では金銭の授受が日常的におこなわれています。場合によっては、その額が巨額になることもあるでしょう。

　その場合でも、1年あたり110万円以内の金銭の授受であれば贈与税の納付義務がないことは広く知られているところですが、そもそも生活や結婚に必要な資金の授受にまで贈与税が課されるのでしょうか。

　相続税法（贈与税は、相続税法第21条から同21条の18に規定されています）では、「贈与税の非課税財産」の規定が定められており、その中に生活費や教育費についても規定されています。その規定によると、扶養義務者相互間での通常の生活費や教育費、親族や友人などの個人から受け取る香典、祝儀、見舞、季節の贈答などには贈与税がかからないこととされています。

　ただし、生活費や教育費については、必要になった都度、直接これらの支出に充てられるものであること、香典や祝儀、見舞、贈答品についても、「社会通念上相当と認められるもの」に限られます。

（2）低額譲渡と贈与税

　生活用品や不動産等の財産を、著しく低い価額で財産を譲り受けた場合には、その譲受対価と一般に適正と認められる時価との差額部分については、贈与により取得したものとみなされます。ただし、債務超過の状態が著しく、債務の全額を弁済出来る資金を調達することが出来ない状態に

陥った場合に、その弁済に充てるために扶養義務者が行った低額譲渡については、贈与税はかからないものとされます。

（３）債務の免除

　無償や著しく低い対価での債務免除を受けた場合や、保証人の肩代わりがあった場合等には、その債務の免除をした者や保証人から贈与があったとみなされます。

　ただし、債務超過の状態が著しく、自身の信用などの活用ではその債務の全額を弁済出来る資金を調達することが出来ない状態に陥った場合に、扶養義務者がその弁済を免除したり、またはその弁済の義務を引き受けた場合などは、その扶養者から贈与を受けたものとされません。

４．節税

（１）預金の取引記録と税務調査

　相続税の申告作成を行う場合、特に気を付けているのが銀行などの預金取引の動きです。相続税額の計算上、相続発生時の価格を計算するのが原則ですが、特に現金や預金などについては、生前の資金の移動についても税務調査の対象とされることが多く見受けられます。特に調査官が注目するのが、相続直前の現金預金の動きと残高、または、過去５年間程度の預金取引の流れです。

　例えば、被相続人名義のＡ銀行からの出金額が同じくＢ銀行に入金されているのであれば、その支出額はＢ銀行の残高に反映されているため問題にはなりませんが、Ａ銀行からの出金額の行き先が、配偶者や子ども

等の法定相続人である場合には、被相続人の財産として計上されていないため、注意が必要です。

その出金の理由や出金額、相続人の数や総財産額などの全体の状況をかんがみて、贈与がなされていたか、または、金銭の貸し借りがあったかを検討しなければなりません。

（2）贈与税か？相続税か？の判断

特定の1名に対する金銭の出金額が年間合計額110万円以下の場合には、贈与税の基礎控除額以下の金額であるため、何か対応する必要はありません（ただし、その者が金銭以外の財産の贈与を受けている場合や、相続時精算課税制度による贈与の適用を受けている可能性も有るので、調査の必要があります）。

また、その支出が生活のために必要な経費に充てるために行われたものであるときも、場合によっては贈与税の非課税の対象になることがあります。

反対に、出金額が巨額になる場合や、その使途が不明である場合には、原則的には贈与があったものとみなされ、贈与税の計上漏れを指摘されることもあります。

（3）書類の準備

被相続人の過去の支出額が贈与とみなされないように、被相続人の生前から準備しておく必要があります。

その預金の支出について、贈与契約書か金銭消費貸借契約書を作成しておくと安心です。

①贈与契約書

贈与契約書を締結した場合、その所有権は受贈者に移転します。

預金の所有権の移転は、不動産のように登記の必要がなく、実際に金銭が移動しているかどうかにより判断されます。

国税の徴収権は、贈与税は6年間（一定の場合には7年間）行使しないことによって時効により消滅しますので、税務調査の時点で7年を経過している金銭の支出については、その額が大きくても課税の対象になりません。

また、贈与は契約行為であるため、口約束でも成立しますが、その証拠をより強固なものにするため、直筆で氏名を記載した契約書を作成しておくに越したことはありません。

②金銭消費貸借契約書

①の贈与契約書とともに、金銭の貸し借りを約した契約書（金銭消費貸借契約書）も備えておくと安心です。

仮に金銭の支出から時を経ずして相続が発生した場合には、贈与を受けたものと認定され、贈与税の申告漏れを指摘される可能性があります。

仮に贈与と認定され、贈与税の申告を行う場合には、基礎控除額の差異、計算構造の違いから、相続税額と比較して多額の贈与税を納税する結果となります。

また、相続開始前3年内に行われた贈与については、相続税の計算上相続財産に加味して相続税額が計算され、納付した贈与税は計算された相続税額から控除することとなりますが、控除しきれなかった場合でも、贈与税額の還付はありません。

したがって、金銭の授受が行われたのが、税務調査が行われた時点から7年前以内である場合に備えて、金銭消費貸借契約書を作成しておく必

要があります（ただし、契約の内容、特に弁済に関して注意が必要）。

　③契約書の作成

　①と②で説明した通り、各契約書はいざという時のために備えておきます。そもそも、契約とは、第三者取引の信用を確保するために締結しますから、夫婦や親子、きょうだい間で締結することの方が普通ではないと思われます。

　ただし、実際に贈与もしくは金銭の貸し借りが行われたことを証明するには、お互いの合意のもとに作成された上記の契約書の提示を置いて他にありません。

（4）名義預金の取扱い

　裁決事例による定義

　名義預金であるか否かの判定については、裁決事例により以下のように定義されています。

　①誰からの収入か？

　②誰が管理しているのか？

　③誰が利息や配当を得ているのか？

　④いきさつ

　⑤関係性

　以上の５つの事項を総合的に判断して評価します。

農家の相続

１．農家の相続の問題

　出来れば先祖伝来の農地を残していきたいと考えている農家の方は多いのではないでしょうか。ただし、農家の相続で農地を残していくには、相続税納税資金、納税猶予選択、特定生産緑地選択、後継者、財産分割等、様々な問題があります。

２．納税資金の問題

　農業の後継者がいて、農業を継続する場合には、いかに農業相続人にスムーズに農地を引き継ぐことが出来るようにするのかが重要です。後継者ということは、比較的広い自宅の土地等も引き継ぐケースが多くなります。農地分の相続税は、相続税の納税猶予を受けることで減額出来ますが、自宅土地の相続税は、土地の面積が広い分、多額になります。その多額の相続税を払うだけの蓄えがあれば良いのですが、過去に不動産等を処分した蓄えがあるなどの場合を除いて、ほとんどの場合、納税資金が不足するのが実情です。

（1）不動産の処分

　不動産の処分をどのくらいしなければならないのかを相続発生前に把握しておくことが必要です。そのためには、相続税の試算を行い、どのくらい納税資金が不足するかを知っておく必要があります。そして、処分予定の不動産は相続発生前に測量等をしておき、相続が発生したら速やかに処分出来るように準備しておきます。支払う測量費等が相続財産を減少させるメリットもあります。農業相続人以外の相続人に現金等で分ける財産を確保するために、相続税の納付額を超える価格分の土地を処分することもあります。

（2）生産緑地の処分

　通常処分出来る宅地等の土地があれば良いのですが、それが無い、もしくはあっても金額が足りない場合には、相続した生産緑地を処分しなければならない場合があります。相続した生産緑地を売却するには、生産緑地の指定を解除する必要がありますが、そのためには市区町村への生産緑地の買取申出をしなければなりません。解除するための手続きは、最低3か月の期間が必要になるので、余裕を持って行う必要があります。

　また、市区町村への生産緑地買取申出は、原則一度だけになります。一度申出書を提出すると、その後、申し出た場所の変更や面積を増減させることは出来ません。そのために、生産緑地を解除して売却する場合には、買取申出をする場所と面積等を慎重に決める必要があります。

3．農地の納税猶予制度

　農地を農業目的で使用しているにもかかわらず、通常の相続税評価額によって相続税が課税されてしまうと、農業を継続したくても高い相続税を払うために農地を売却せざるを得なくなる、という問題が生じます。

　そこで、農業を営んでいた被相続人から農地を相続し、生産緑地として生涯農業を継続する相続人を税制面から支援する制度が、農地の納税猶予です。

（1）納税猶予される税額

　農地の相続税評価額のうち、農業投資価格（2019 年、東京都の畑の農業投資価格は 1,000m² 当たり 84 万円）による価額を超える部分に対応する相続税額は、その取得した農地等について、相続人が農業の継続又は特定貸付け等をおこなっている場合に限り、その納税が猶予されます。

　この猶予される相続税額を「農地等納税猶予税額」といいます。

　この農地等納税猶予税額は、特例の適用を受けた相続人が死亡した場合等、一定の要件に該当しない限り、納税が免除されません。

（2）納税猶予の申請手続

　相続税の申告書に所定の事項を記載し、申告期限内（相続が発生してから 10 か月）に申請書を提出しなければなりません。そのためには、申告期限内に相続人間での分割協議が整い、農業相続人の農地所有が確定している必要があります。該当する生産緑地の農地が未分割の状態では、納税猶予を受けることが出来ません。

　分割協議書は、全ての相続財産についてではなく、該当する農地のみの協議書でも構いませんので、農地の所有者を決めておかなければなりません。それらが心配であれば、該当農地を農業相続人に相続させる旨の公正証書遺言書を作成しておく方法もあります。

（3）農地等納税猶予税額を納付しなければならなくなる場合

　次のいずれかに該当することとなった場合には、その農地等納税猶予税額の全部又は一部を納付しなければなりません。
①猶予適用農地等について、譲渡、転用、耕作放棄をした場合
②農業相続人が猶予適用農地等での農業経営をやめた場合
③納税猶予適用継続届出書（3年ごと）を提出しなかった場合
④担保価値の減少により、増担保又は担保の変更に応じなかった場合
　なお、農地等納税猶予税額を納付する際には、相続税の申告期限の翌日から納税猶予の期限までの利子税も納める必要があります。

4．生産緑地の貸付の特例の創設

　2018年度税制改正により、自身で営農をしなくても、生産緑地を貸すことが可能になりました。

（1）相続税の納税猶予の継続

　改正前は、相続税納税猶予の適用を受けている生産緑地を貸すと、納税猶予が打ち切られ、遡って猶予している相続税の全額と利子税を支払うことになっていました。今回の改正で、生産緑地について、認定都市農地貸

付け（農業者向けの貸付け）又は、農園用地貸付け（市民農園向けの貸付け）を行った場合にも、納税猶予が継続出来るようになりました。

　また、貸している期間に相続が発生した場合には、相続人は新たに相続税納税猶予の適用を受けることが出来るようになりました。

（2）主たる従事者証明書の発行

　改正前は、生産緑地を貸すと「主たる従事者証明書」が発行されなくなり、買取申出が出来ませんでした。今回の改正で、主たる従事者「借り主」の年間従事日数の1割以上の日数分、生産緑地緑辺部の見回り・除草、周辺住民からの相談等の受付・対応等に従事していれば、農地を貸していても「主たる従事者」になることが出来ます。

（3）貸した農地の返却

　改正前の農地法では、都道府県知事の許可を得て、契約を更新しない旨の申請をしない限り、農地は返ってきませんでしたが、今回の改正で、契約期間経過後には農地が返ってくることになりました。

5．特定生産緑地制度の創設

　生産緑地は、都市計画決定から30年が経過した申出基準日以後、所有者が、市区町村長に対し、いつでも買取りの申出が出来るようになります。2022年には現行の生産緑地法が施行されてから30年を迎え、多くの生産緑地が解除されることが予想され、都市計画上、不安定な状態に置かれることになります。このため、2017年に生産緑地法を改正し、申出基準

日が近く到来することとなる生産緑地について、市区町村長が、農地等利害関係人の同意を得て、申出基準日より前に特定生産緑地として指定し、買取りの申出が可能となる期日を 10 年延期する制度（以下「特定生産緑地制度」）を創設し、2018 年 4 月 1 日より施行しています。

（1）特定生産緑地の指定のメリット

①固定資産税等は、引き続き農地評価になる

　　特定生産緑地の固定資産税と都市計画税は、引き続き、農地評価、農地課税になります。

② 10 年毎に継続の判断が出来る

　　特定生産緑地の指定は、10 年毎の更新制です。10 年の間に相続が生じた場合、これまで同様、買取申出が可能です。

③次の相続での選択肢が広がる

　　次の相続人は、次の相続時点で相続税の納税猶予を受けて農業を継続するか、買取申出をするかを選択出来ます。

④農地を残しやすくなる

　　次の相続人が、第三者に農地を貸しても、納税猶予が継続します。

（2）特定生産緑地を選択しないデメリット

①固定資産税等の負担が急増する

　　固定資産税と都市計画税が、これまでの農地課税から、宅地並み課税になります。ただし、三大都市圏特定市においては、激変緩和措置が適用され、5 年間かけて、宅地並み評価・宅地並み課税になります。

②30年経過後は、特定生産緑地を選択することが出来ない

　特定生産緑地は、生産緑地地区の都市計画決定後30年を経過するまでに指定が完了しなければなりません。

③次の相続での選択肢が狭くなる

　特定生産緑地を選択しないと、次の相続人は納税猶予を受けることが出来なくなります。

《参考文献》

国税局ホームページ・国土交通省ホームページ・農林水産省ホームページ

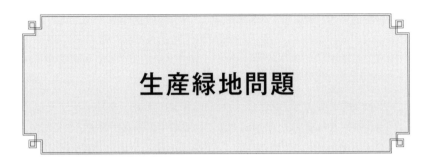

生産緑地問題

1．生産緑地

（1）生産緑地とは

　生産緑地とは、生産緑地法（1974年6月1日法律第68号）第3条第1項の規定により定められた生産緑地地区の区域内の土地または森林をいいます。同法は、生産緑地地区に関する都市計画に関し必要な事項を定めることにより、農林漁業との調整を図りつつ、良好な都市環境の形成に資することを目的に制定されました。

　生産緑地地区の指定は、市街化区域内にある農地等で、次に掲げる条件に該当する一団のものの区域について、都市計画で定めることが出来ます（同法3条）。

①公害または災害の防止、農林漁業と調和した都市環境の保全等、良好な生活環境の確保に相当の効用があり、かつ、公共施設等の敷地の用に供する土地として適しているものであること

②500m^{2}以上の規模の区域であること

③用排水その他の状況を勘案して農林漁業の継続が可能な条件を備えていると認められるものであること

④当該農地等の「所有者その他権利者」全員の同意を得ていること

（2）生産緑地の買取申出制度

　生産緑地の指定を受けると、所有者は建築物を建てたり売却するなどの行為が制限されますが、生産緑地法では買取申出制度が設定されており、次に掲げる事由が生じた場合には、市町村長に対して時価で買い取るべき旨の申出をすることが出来ます（同法10条）。

①都市計画法の規定による生産緑地地区の指定の告示の日から起算して30年を経過したとき

②その生産緑地に係る指定の告示後に農林漁業の主たる従事者およびそれに準ずる者が死亡した場合または身体的、精神的障害により農業の継続が事実上不可能となった場合

　そして、市町村長は、特別の事情がない限り、当該生産緑地を時価で買い取るものとし、仮に買い取らない場合であっても、買取りの申出を行った日から起算して、3か月以内にその生産緑地の所有権が移転しない場合には、生産緑地に係る行為制限は解除されることになっています（同法14条）。

（3）市街化区域内の農地と生産緑地の面積推移

　国土交通省がインターネット公開している2008年から2017年までの「都市計画現況調査」によれば、全国の生産緑地地区の決定面積は、2008年が14,454.2haに対して、2017年は12,972.5haであり、約10％減少しています（各年3月31日時点）。また、地域ごとの推移は次表の通りです。なお、北陸については2008年から2017年まで増減がなく0.1 ha

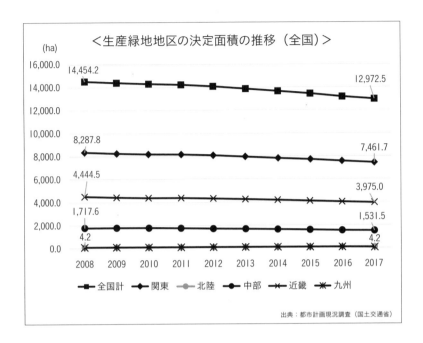

と微小のため図表には表示されていません。

　また、「都市計画現況調査」によれば、2017年3月31日現在、東京都でみると、区部では、第1位が練馬区（185.4ha）、第2位が世田谷区（89.7ha）、第3位が江戸川区（36.6ha）となっており、多摩地区では、第1位が八王子市（238.8ha）、第2位が町田市（225.9ha）、第3位が立川市（203.2ha）となっています。

2．生産緑地の「2022 年問題」

（1）生産緑地の指定経緯

　生産緑地がある市街化区域は、都市計画法上「すでに市街地を形成している区域およびおおむね 10 年以内に優先的かつ計画的に市街化を図るべき区域」とされ、宅地化を進めていくことを前提としています。市街化区域内の農地は宅地化を促進する方向性のため、市街地農地は「宅地並み課税」が行われたこともあって、都市近郊の農地は宅地化が進行しました。生産緑地法は前述の通り、1974 年に制定され、1991 年 3 月に改正され、三大都市圏の特定市の市街化区域内の農地は、市街化区域内で保全する農地としての「生産緑地」と、原則通り宅地化を進める農地として「特定市街化区域農地」に分けられました。生産緑地に指定された農地の所有者は、原則 30 年間の農地等としての管理義務と建築物の新築等の行為制限を課されました。また、生産緑地に指定された市街化区域内農地は、転用制限

区分	三大都市圏特定市の市街化区域内農地	
	生産緑地以外 （宅地化農地）	生産緑地 （保全農地）
固定資産税の課税	宅地並評価 宅地並課税	農地評価 農地課税
相続税の納税猶予	納税猶予なし	納税猶予あり 終身営農で免除
建築等の制限	特になし	30 年間建築制限
農地転用の制限	原則自由（届出制）	

出典：生産緑地制度の概要（国土交通省）

の強化を前提として、税制面においては特例措置が適用され大きな恩恵を受けることが出来ました。

改正法の適用は 1992 年からですが、現存する生産緑地は初年度に指定を受けていることが多いため、2022 年に多くの営農義務が外れます。買取制度も、実際のところは、市町村の財政状況の問題もあり、進んでいない状況でした。そこで、宅地に転用可能な農地が大量供給されて、地価相場が暴落するのではないか、戸建住宅や賃貸共同住宅が供給過剰となり、既に社会問題となっている空き家がさらに増加するのではないか、と危惧されてきました。これが「2022 年問題」です。

（2）生産緑地法等の改正

国や自治体の方向性としては、都市農地は「減らすべきもの」から「残すべきもの」へ転換しました。2015 年 4 月 22 日に都市農業振興基本法が施行され、都市農業を重要な産業と位置付け、計画的に保全を図ろうとしています。

また、2017 年 2 月 10 日には、都市緑地法、都市公園法、生産緑地法などの一部を改正する法律案が閣議決定され、改正法が 2017 年 6 月 15 日に施行されました。目的は、（ⅰ）都市公園の再生・活性化、（ⅱ）緑地・広場の創出、（ⅲ）都市農地の保全・活用です。

この（ⅲ）の実現のために、生産緑地法、都市計画法、建築基準法を一部改正し、（ア）生産緑地地区の面積要件の緩和（条例で 300m2 まで引下げ可能にする）、（イ）生産緑地地区内での農産物等加工施設、農産物等直売所、農家レストランの設置を可能とする、（ウ）生産緑地の買取り申出が可能となる始期の延期（市町村が重要な生産緑地を特定生産緑地に指定、30 年経過後は 10 年ごとに延長可）、（エ）田園住居地域の創設（用

途地域の追加）が行われました。

　従来の制度では要件を満たさない小規模な農地は、農家に営農の意思があっても保全対象になりませんでした。また、同一または隣接する街区内に複数の農地がある場合、一団の土地とみなして指定することが可能となり、小さな都市農地も保全していくための措置が講じられました。これにより、（ア）については、2019年4月末現在、全国95都市で面積要件の引下げ条例の制定が行われています。

（3）特定生産緑地について

　2018年4月1日に施行された特定生産緑地制度は、引き続き都市農地の保全を図るために創設されました。特定生産緑地の指定を受けた場合と受けない場合を比較すれば下表の通りです。なお、現在生産緑地でない農地等は特定生産緑地に指定することは出来ません。

	指定を受けた場合	指定を受けない場合
生産緑地指定から30年経過後	生産緑地のほか特定生産緑地に指定される	生産緑地に指定されたまま→買取申出をしない限り行為制限有り
買取申し出	主たる農業従事者の死亡等の場合のみ可能	いつでも可能
固定資産税	引き続き農地課税	農地課税から宅地並課税へ5年間で段階的に上昇
相続税の納税猶予	次の相続でも適用可（※）	現在適用している納税猶予のみ適用可（※）

（※）終身営農の途中で買取申出をする場合は、猶予された税だけでなく利子税も支払う必要がある。

94

① 手続き面での注意点

生産緑地の所有者等の意向を基に、市町村長は告示から30年経過するまでに、生産緑地を特定生産緑地として指定出来ることになりました。指定にあたっては、生産緑地の所有者からの指定申請が必要となります。指定された場合、買取りの申出が出来る時期が、「生産緑地地区の都市計画の告示日から30年経過後」から、10年延期されます。さらに、10年経過する前であれば、改めて所有者等の同意を得て、繰り返し10年の延長が出来ます。ただし、これも自動更新されるわけではないので注意が必要です。

30年経過後（申出基準日以降）は、新たに特定生産緑地として指定出来ません。家族構成等を踏まえて営農持続出来るかどうか将来を見据えて早めに検討する必要があります。また、当該生産緑地に利害関係人がいる場合は、その方々の同意が必要になります。

なお、2022年からの指定に際し、前年は多くの申請手続きが集中することが予測されているため、2019年、2020年から受け付けている自治体もありますが、各年の受付時期が決められていることがあるので、注意が必要です。

特定生産緑地を選択されなかった場合でも、買取り申出の手続きを行わない限り、引き続き生産緑地地区として存続するので、耕作等適正な肥培管理義務が生じます。

② 税制面での注意点

特定生産緑地の税制については、従来の生産緑地に措置されてきた税制が継続されます。

特定生産緑地に指定しない場合は、買取りの申出をしない場合でも、従来の税制措置が受けられなくなります。ただし、激変緩和措置があり、

急激な税負担の上昇を回避するため、相続税等は既に納税猶予を受けている場合、次の相続までは、現世代に限り猶予継続されます。また、固定資産税等は5年間、課税標準額に軽減率（1年目：0.2、2年目：0.4、3年目：0.6、4年目：0.8）を乗じます。

（4）新たな生産緑地の賃借制度の創設

　国土交通省は、2018年1月、東京23区でとくに生産緑地が多い練馬区、世田谷区の農家を対象に、特定生産緑地の指定意向を把握する目的でアンケート調査を実施しました。

　その結果、所有する生産緑地について、30年の指定期限が過ぎた場合、10年間の営農継続を条件に、「特定生産緑地」として、新たに指定延長するかの質問に対して、「全て指定する」と回答した人は63%と最も多く、次いで「5割以上指定する」（15%)、「5割未満を指定する」（5%）が続き、約8割の農家が特定生産緑地の指定を受けて農業を続けていく意向を示しました。

　また、30年経過後の買い取り申出については、特定生産緑地に指定しない生産緑地のうち、4分の1程度がすぐに買い取り申出する、という意向が示されています。

　このような意向調査も行われたなか、「都市農地の貸借の円滑化に関する法律」が制定され、2018年9月1日に施行されました。生産緑地に関する新たな貸借の制度で、税制優遇制度を維持したまま、生産緑地の貸付も可能になり、第三者に賃借しやすくなります。この認定を受けた事業計画にしたがって生産緑地に設定された賃借権などは、次のメリットを受けることが出来ます。

　このような農林水産省による生産緑地の貸借制度が措置されたことに

より、農地として保有を継続する意向が高まる可能性も見込まれています。

	農地法による賃借	都市農地賃借法
法定更新 （農地法による契約の自動的更新制度）	適用される →契約を更新しないことについて知事の許可がない限り農地は返ってこない	適用されない →契約期間経過後に農地は返還される
相続税納税猶予制度	打ち切られる →猶予税額と利子税の納税が必要	継続される →猶予を受けたまま農地を貸すことが可能

（5）「2022年」問題の発生可能性

　この 2022 年問題は、直接的には農業者が直面する現実問題でありながら、世間的にはどちらかといえば、不動産業者による土地の売却や相続対策にかこつけてのハウスメーカーによるアパート建設を促進するためのビジネスチャンスとして利用されていた側面が話題となっていたことも否定出来ません。「地価が上昇しており、住宅地供給が少なく需要があるうちに、資産を現金で確保しておきましょう」あるいは「相続税対策として、不動産の相続税上の評価額を下げて、相続人の負担を軽減しておきましょう」、という類のものです。

　生産緑地の利用促進のための税制面での改正があったこともあり、不動産業界内では、近年では、実際に宅地化する生産緑地は、納税しても採算が合う、住宅地として立地条件が優れ、換金価値の高い不動産だけに限定され、住宅地の大量供給や価格暴落は無いのではないか、との観測も拡

がってきていました。

　農業分野での今後の更なる施策の動向が注目されています。

《参考文献》

・報道発表資料「都市緑地法等の一部を改正する法律案」を閣議決定（国土交通省、2017 年 2 月 10 日）

・「都市計画現況調査」（国土交通省）

・「生産緑地法等の改正について」（国土交通省都市局）

・「農地転用等の状況について」（農林水産省）

・「横浜市　特定生産緑地指定の手引き」（横浜市環境創造局農政推進課　2019 年 11 月 22 日修正版）

・「特定生産緑地指定の手引き　平成 31 年 3 月版」（国土交通省都市局都市計画課公園緑地・景観課）

地主が借金して不動産投資をするのは、得か？ 損か？

1．不動産投資の目的

　不動産に限らず、投資を行う理由は様々ありますが、その最たる目的は「財産額の拡大」です。つまり、現金をそれ以外の収益不動産や株式、金地金、先物取引等に交換（投資）して、それらの運用利益によって財産を拡大するために投資が行われます。したがって、不動産投資の目的は、現金を収益不動産（収益獲得能力のある不動産）に変換（投資）して運用し、その収益不動産を含めたすべての財産の額(規模)を拡大していくことです。

　そのためには、収入が多く得られる不動産を運用して、運用にかかる支出を出来る限り減らし、手元に残るお金（手残り額）を多くしなければなりません。

　まして、常時運用経費が収入額を超えており、持ち出しになっているという事態は回避しなければなりません。

2．不動産投資の指標

　不動産投資が成功するものなのか、そうでないのかを検討する必要がありますが、その場合の指標となるものが「稼働率」と「利回り」です。

（1）稼働率

　稼働率は、投資した不動産がどの程度稼いでいるかを測る指標です。

　不動産投資の稼働率は、「入居部屋数÷全部屋数」で計算されますが、不動産の立地条件、値段設定、築年数などの諸条件に左右されることが多く、この稼働率を100％に近づけることが、不動産投資を成功させる最大要因といっても差し支えありません。

（2）利回り

　不動産投資は不動産を購入・建築するために自己の資金を投下し、不動産の利用者から収入を得ます。この収入額や手残り額を投下金額で割り返して利回りを計算します。収入金額に基づく利回りが「表面利回り」とよばれ、手残り額に基づく利回りが「実質利回り」です。不動産投資を行う場合、現実には維持管理費、修繕費、固定資産税などの支出がありますので、「実質利回り」を重視します。

３．不動産投資と経費

　不動産投資を行う場合には、物件の維持管理に経費がかかります。また、ほかの物件との競争にもさらされることになりますので、改良やリフォームなどの経費も必要となります。

４．不動産投資と税金

　不動産投資を行う場合には、多種多様な税金が課されます。この税金も

支出額として利回り計算に含める必要があります。

（1）印紙税（国税）／不動産取得時

　不動産を取得する時点でかかる税金といえば、印紙税です。

　印紙税は、印紙税法に定められた課税文書に課され、不動産の売買や建築請負契約の場合には、それぞれの契約書に貼り付ける方法で納付します。

　不動産の売買や建築請負契約にかかる印紙税の額は、各契約金額がいくらかであるかにより異なります。

（2）消費税（国税と地方税）／不動産取得時

　印紙税と同様に、不動産の売買（特に購入時）にかかるのが消費税です。

　特に建物を購入や建築した場合の取得価額（対価）に、その取得価額の10％相当額を加算して建物の売り主、建築請負業者に支払う方法により納税します。

（3）不動産取得税（地方税）／不動産取得後

　不動産取得税は、不動産を取得した場合に、取得者に課される税金で、不動産の評価額に一定の税率を乗じて計算されます。不動産を取得したことについて都道府県に申告し、都道府県から交付される納税通知書に基づいて納付します。

　なお、実務では不動産取得税を経費計上せず、不動産の取得額に算入し、収支額と実質利回りの計算を安定化させる経理処理も見受けられます。

（4）固定資産税、都市計画税（地方税）/ 不動産の所有中

　固定資産税は、土地、家屋（建物）、事業に供される償却資産に課される税金です。

　固定資産税は固定資産の所有者に対して、その固定資産が所在する場所に収める税金で、不動産取得税と同じく、固定資産の評価額に一定の税率を乗じて計算されます。

（5）所得税、法人税、住民税、消費税（国税、地方税）/ 不動産の運用中

　不動産投資を行う個人は不動産所得を含め課税所得が発生した場合には所得税の納税義務が発生します（確定申告）。個人については、確定申告の結果により、住民税が計算され、納税義務が発生します。同様に、不動産投資を行う法人も、不動産投資以外の事業と合わせて決算を行い、利益（所得）が生じている場合には法人税の納税義務が発生します。また、不動産を売却した場合にも、個人、法人ともに所得税（譲渡所得）と法人税が課されます。

　併せて、消費税の課税事業者である個人と法人は、ともに計算期間中の家賃収入（住家の家賃や土地の賃借料は除きます）と売却価格（土地の売却は除く）に対して消費税が課されます。

5．地主が借金をして不動産投資をするのは得か？ 損か？

・地主の不動産投資

　不動産投資の最大の目的は「財産の拡大」です。

　財産の拡大を図るために資金を投下して収益不動産を取得し、その収

益不動産に収入（資金）を獲得してもらいます。この獲得した資金によって生活の糧を得たり、新たな投資を行ったり、または、各種税金の納税資金を確保することが出来ます。

　また、収入額から支出額を差し引いて、手残り額を計算しますが、この手残り額が大きいほど、不動産投資は成功していることになります。

　また、手残り額を不動産の取得のために投下した金額（取得額）で割り返した割合が利回り（実質利回り）となりますが、この割合も大きいほど不動産投資が成功していることになります。

　この実質利回りを参考にして、投資を行わなかった場合、もしくは、不動産以外の投資を行った場合と比較検討することが出来、新たな不動産投資を行うべきか否かの判断材料にすることが出来ます。

・相続対策

　不動産投資の副次的な効果として節税があります。

　相続税額の計算上、収益不動産を取得することで、現預金額を減らし、土地や建物の評価額を引き下げる（税額を軽減することが出来る）規定を適用することが出来ますので、税額の節減の副次的効果もあります。

・注意点

　収益不動産の取得のため現金預金を投下する場合に気を付ける必要があるのが、財産の流動性比率です。生活していく上では瞬間的にでも多額の現金が必要になる状況も考えられます。不動産投資のように巨額の資金投下を行った結果、生活や緊急事態に必要な現金預金額が手許にない、ということがないように気を付けなければなりません。

・借入をして不動産投資を行う場合

　借入金により収益不動産を取得した場合には、前述の経費と税金に加えて、支払利息、元本返済額も支出額に含めるため、手残り額が非常に少なくなることが予想されます。また、それに伴って実質利回り額も小さくなりますので、手元資金によって不動産投資を行う場合と比較して、投資効率は悪くなります。

　投資不動産も含めた全体の財産の拡大の視点から見た場合でも、手元資金を投下して不動産投資を行った場合と比較して、支払利息額分だけ財産の拡大に差が生じます。

　ただし、手元資金の量を重要視する場合には、借入金による不動産投資によることが求められる場合もあります。

　相続税の計算上は、手元資金を投下して不動産を取得した場合でも、借入金により不動産を取得した場合でも、税額の節減面では、その効果は変わりません。

　むしろ、納税資金融通の観点からは、確保しておいた手元資金を納税資金に充当することが出来るので、有利だといえます。

　ただし、相続後に財産を引き継いだ相続人の返済計画も考えて、借入を行う必要があります。

6．まとめ

　地主が借入を行って不動産投資をするのは得か、損かについては、各個人の状況によります。生活の状況や緊急事態に対処出来るほど現金預金が充分にある場合には、手元資金により投資を行うことで、借入を行った場合と比較して投資効率が良くなり、得をしたといえます。

　ただし、不動産投資を行うと、手元資金の量がおぼつかなくなり、今

後の生活や緊急事態への対処が出来ないなどの場合には、借入を行って不動産投資をすることで、財産の拡大を望むことが出来、また、相続税額の節税と納税資金確保の対策にも有効であると考えられます。

第 **2** 章

相続が
発生してしまったら？

相続発生から申告までの手順

1．相続が発生したらするべきこと

（1）相続人の確定

①相続人の確定を間違えたら、相続手続きから申告までが出来ません。
②まず、相続人を戸籍謄本・抄本・住民票等で確認します。

（2）相続手続きの流れ

①人が死亡した場合、遺族はその事実を知った日から7日以内に医師の死
　亡診断書または死体検案書を添付し、市区町村に死亡届を提出します。
②死者の埋葬・火葬は、死亡後24時間以上経過後、市区町村長の許可を
　得て行います。実務上、許可申請の手続は葬儀社が行います。
③通夜・葬儀については、すべて慣習にゆだねられており、法律上の規制
　はありません。

（3）相続の承認と放棄

①財産より借金が多くては、相続人が困ります。

②そこで、自分が相続人となったことを知った日から３か月以内に「相続放棄」をしたり「限定承認」をすることが出来ます。

（4）遺言書の有無の確認

①民法では遺言相続を優先していますから、遺言書の有無の確認は大切なことです。

②公正証書遺言以外の遺言書については、一定の手続きが必要になりますから、専門家に相談して下さい。

（5）財産評価に必要な書類の収集

①土地建物の評価、その他の財産の評価、預貯金の残高確認をします。

②マイナス財産の借入金や未払税金等の債務、葬式費用を把握します。

（6）金融機関の数だけ必要な書類

①不動産の相続登記と預貯金の名義変更に必要なものがあります。

②分割協議書、印鑑証明書、戸籍謄本・抄本等を用意しておいた方が安心です。

（7）戸籍の関係書類は司法書士等の専門家に依頼した方が良い

①何代にも渡って養子縁組している場合や、相続人が多い場合には相続人
　の洩れがないように専門家に依頼する方が安心です。
②特に、被相続人が長生きし、その前に実子が何人も死亡している場合に
　は、代襲相続人の人数が多くなるので気をつける必要があります。

（8）不動産の登記簿謄本、公図、建物図面も同じ

固定資産税評価証明書と謄本との照合や抹消されていない権利関係の有無
を確認してもらう必要があります。

（9）遺産分割協議の開始

①遺言書がない場合は、相続人の間で遺産分割協議の話し合いをしますが、
　まとまらないときは、家庭裁判所の調停や審判で分割することになり
　ます。
②申告期限までに話し合いがまとまらない場合は、様々な不利益を受ける
　ことになりますから、早めの話し合いが大切です。

（10）相続開始後の申告までのスケジュールは右表の通り

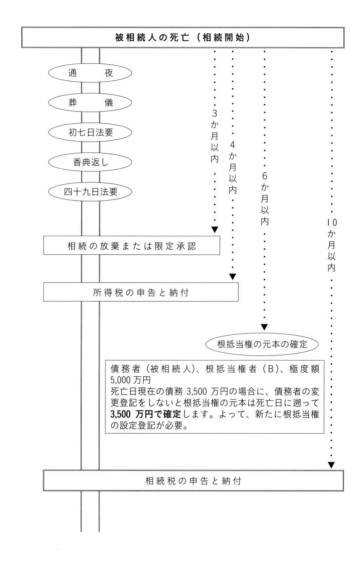

2．相続税の申告義務、納付方法

（1）申告書の提出義務者

①相続税の課税価格の合計額が、遺産に係る基礎控除額を超え、かつ、相続税法第15条から第19条まで、第19条の3から第20条の2まで、さらに第21条の14から18までの規定を適用して相続税額を計算し、納付すべき税額がある者は相続税の申告をする必要があります。

②なお、配偶者の税額軽減の適用を受けようとするときは、申告が要件となっておりますので、特例を適用して納付税額が算出されなくても、申告書を提出しなければいけません。

（2）遺産がいくらまでなら相続税はかからないか？

　①純遺産総額が基礎控除額以下ならば相続税は0
　　純遺産総額（正味の遺産額）＝遺産総額－借入金・葬式費用
　②基礎控除額
　　3,000万円＋(600万円×法定相続人の数)
　③法定相続人の数には、相続を放棄した人も含まれる

（3）相続税の申告書の提出期限

　相続の開始があったことを知った日（通常は死亡の日）の翌日から10か月以内
　①失踪宣告　　　　審判のあったことを知った日
　②胎児　　　　　　出生した日

③相続人の裁判　　裁判が確定した日

（4）申告書の提出先

被相続人が死亡した時の住所地の所轄税務署長に提出します。

（5）申告書の共同提出

相続税の申告書は、同一の被相続人から相続または遺贈により財産を取得した者等で、申告書を提出しなければいけない者が2人以上いる場合には、共同して申告書を提出することが出来ます。この場合は、同一の申告書に連署して申告します。

（6）相続税額の納付方法

相続税の納付方法は、期限内に金銭納付することが原則ですが、一時に納付することが困難な場合は延納により、さらに延納でも納付することが困難な場合は、物納により納付することが可能です。

3．申告に必要な書類

1.	①被相続人の除籍謄本　②原戸籍謄本　③戸籍の附票
2.	死亡診断書または死体検案書
3.	相続人の戸籍謄本、婚姻により除籍した人は戸籍抄本
4.	被相続人の除票・相続人の住民票
5.	被相続人の略歴書（出身地、最終学歴、職業・役職等、住所の移転状況、病歴）
6.	相続人の現況経歴書（住所、氏名、勤務先、生年月日、電話番号）
7.	土地建物の死亡年度分の固定資産税評価証明書（道路の非課税分も含む）
8.	土地建物の登記簿謄本
9.	土地（借地等についても）の公図
10.	土地の測量図（不整形地、建物が複数建っている土地に注意）
11.	建物の配置図（全体の土地の利用状況の説明可能なもの）
12.	建物の建築確認書（あるものだけでも）、建物図面（権利証にセットしてあり）
13.	貸地、貸家の賃貸借契約書（ない場合は賃借人の住所、氏名、契約期間の一覧表）
14.	死亡年度分の固定資産税納付書、課税明細書または名寄帳
15.	個人の確定申告書の過去1年間分、当年の準確定申告書
16.	同族会社の株主は、株式評価に必要な決算書および所有資産の評価計算明細書
17.	金銭信託、貸付信託、公社債、株式、国債その他の有価証券の明細書
18.	被相続人の過去3年間の預金通帳

19.	死亡日前にお葬式費用等のために、定期預金を解約して現金化した場合の金額
20.	死亡日現在の預貯金の残高証明書、出資金の残高証明書
21.	被相続人のもので相続人名義になっている預貯金の明細書（名義預金の確認）
22.	親類、子供に対する事業資金や生活費の貸付金の有無
23.	親類、知人の会社の株主である場合は株主名簿
24.	車両、機械、器具、家庭用財産のうち 10 万円を超えるものの明細書
25.	積立火災保険を死亡日現在解約したと仮定した場合の解約返戻金明細書
26.	生命保険金の支払明細書、退職金の支払明細書と受取人の確認
27.	相続開始前 3 年以内に相続人等が贈与を受けている場合はその金額と明細
28.	葬式費用の領収証
29.	公租公課の未払いが確認出来る納付書（所得税、住民税、固定資産税等）
30.	土地建物の賃貸借契約書
31.	借入金の残高証明書、賃貸物件の預り敷金または保証金の明細書
32.	相続人全員の印鑑証明書（分割協議書・抵当権設定承諾書・登記所・金融機関用）

※ 納税猶予の適用を受ける農地相続の場合は、別途書類があります

4．土地の評価を決定づけるのに必要な書類と内容

1．登記簿謄本	取得の原因と年月日、所有者、地積、地目
2．固定資産税評価証明書	固定資産評価額、所有者、地積、現況地目

3. 1㎡当り近傍宅地評価証明書	調整区域の雑種地の評価の参考資料	
4. 公図および地積測量図	地番ごとの地形図、斜線と縮図で図面作成	
5. 建物図面	土地に対する建物の建築位置	
6. 住宅地図または航空地図	住所および住居地を表示	
7. ブルーマップ地図	登記地番を表示、家屋番号の確認	
8. 路線価図および評価倍率表	相続税と贈与税の評価単位を表示	
9. 都市計画施設図	新設道路と拡幅道路地の有無	
10. 都市計画道路証明書	各都道府県の長による拡幅の証明	
11. 地役権図面	ＪＲ、私道、地下鉄等の事業者の権利	
12. 道路位置指定図	私道図面により接道地の評価	
13. 道路確定図	地積の確定、売却または物納の資料	
14. 借地権や地役権等の賃貸借契約書	土地と土地上および地下の権利の設定	
15. 特別高圧送電線線下土地証明書	電力会社やＪＲの高圧線の線下の地図	
16. 容積率の格差の計算用図面	減額計算に必要な数値計算用図面	
17. 個別評価申出書	区画整理地区の評価	
18. 特定路線価設定申出書	２ｍ以上で自動車の通行可能な場合	
19. 仮換地証明書および仮換地図	区画整理地区の換地後の街区と地積	
20. 農用地区域証明書	田畑でも農業振興区域か否か	
21. 特例農地等該当証明書	農地に対する納税猶予の必要書類	

《参考文献》

「資産税の取扱いと申告の手引」公益財団法人 納税協会連合会　2019
年12月　打田哲也・井上浩二 編

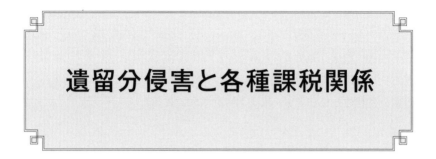

遺留分侵害と各種課税関係

1．遺留分の基本的な考え方

　遺留分制度は、被相続人の財産処分権と、兄弟姉妹以外の相続人について、その生活保障を図るなどを目的として、被相続人の意思にかかわらず被相続人の財産から最低限の取り分を確保する制度です。

2．遺留分権利者の範囲

　遺留分権利者は、兄弟姉妹以外の相続人（配偶者、子、直系尊属）です（民法1042）。兄弟姉妹には、遺留分はありません。

『代襲相続人』
①子・孫等の代襲相続人は遺留分を有します（民法1042 → 901）。
②兄弟姉妹の代襲相続人は、兄弟姉妹が遺留分を有しないため、遺留分はありません（民法1042）。
『相続欠格者』※1・※2
『推定相続人を廃除された者』※1・※2
『相続を放棄した者』　※1

※1　遺留分は相続人に与えられる権利であることから、相続権がなくなる相続欠格（民法891）・廃除（民法892，893）・相続放棄（民法938）があれば、遺留分権利者となりません（民法939）。

※2　ただし、相続欠格・廃除の場合、代襲者が相続人となり、その者が遺留分権利者となります（民法1042→887②③）。

3．遺留分の割合

　遺留分の割合は相続人が被相続人とどのような身分関係にあるかによって決まります（民法1042）。

（1）直系尊属のみの場合⇒被相続人の財産の3分の1（民法1042①一）

（2）上記以外の場合　　⇒被相続人の財産の2分の1（民法1042①二）

　上記の割合によって算出された総体的遺留分を、法定相続分で配分した各遺留分権利者に固有の遺留分を個別的遺留分といいます。

　この個別的遺留分から、各相続人の現実の相続額を差し引いた残額が遺留分を侵害された額になります。

例　相続財産100円　法定相続人　長男（遺言で100％取得）　次男0％

　長男 100円×1/2 ＝ 50円　　50円×1/2 － 100円＝▲75円

　　　　　　　　　　　　　　　長男は遺留分を侵害されていません。

　次男 100円×1/2 ＝ 50円　　50円×1/2 － 0円＝25円（次男が侵害された遺留分）

各法定相続人（遺留分権利者）の遺留分一覧表

条文は分数ですが、理解しやすくするために％で表示しています。

父母子供等は相続時に1名として計算しています。

法定相続人 （本来もらえる人）	遺留分計 A ％	各法定相続人の遺留分B ％			
		配偶者	子供等	父母等	兄弟姉妹等
配偶者と子供等	50.00	25.00	25.00		
子供等のみ	50.00		50.00		
配偶者	50.00	50.00			
配偶者と父母等	50.00	33.33		16.67	
父母等のみ	33.33			33.33	
配偶者と兄弟姉妹等	50.00	50.00			なし
兄弟姉妹等	なし				なし

（注1）33.33％は正確には3分の1。　　16.67％は正確には6分の1。

（注2）A（総体的遺留分）× B（法定相続分）＝個別的遺留分

4．遺留分の制度が改正

（1）施行時期　2019年7月1日以後の相続から適用されました。

（2）遺留分制度に関する見直し

　遺留分減殺請求権の行使によって当然に物権的効果が生ずるとされている旧法（〜2019年6月30日）を見直し、遺留分権の行使によって遺

留分侵害額に相当する金銭債権が生ずるものとしました。その結果、遺留分侵害額について遺留分権利者は金銭でしか請求出来なくなり、遺留分を侵害したものは金銭を支払う義務を負います。

　ただし、遺留分権利者と遺留分侵害者との間で上記金銭の支払いに代えて現物（相続物件または固有物件）を給付することを内容とする代物弁済契約を締結することは妨げられません。

（3）　遺留分算定の基礎となる財産の確定
＜遺留分算定の基礎となる財産＝Dの算定方法＞
　　　A＋B－C＝D
A＝相続開始時の相続財産＝
　全財産（遺贈財産含む）－（一身専属権＋祭祀用財産）
B＝被相続人が贈与した財産（4）
C＝相続債務（5）＝承継債務＋公租公課＋葬式費用

（4）被相続人が生前に贈与した財産
　　＜贈与財産が遺留分算定の基礎となる財産に加算される場合＞
　　　　贈与の種類　　　【加算の範囲・要件】　　（根拠条文）
ア　相続開始前の1年間にされた贈与【無条件で加算】（民法1044①前段）
イ　相続人に対し、相続開始前の10年間にされた、婚姻若しくは養子縁組のため又は生計の資本としてなされた贈与【無条件で加算】
（民法1044③）
ウ　ア、イに定めた期間より前にされた贈与【当事者双方が遺留分権利者に損害を加えることを知って贈与をした場合は加算】（民法1044①後段）
エ　負担付贈与　【贈与の目的の価額から負担の価額を控除した額を加算】（民法1045①）

オ　不相当な対価による有償行為【当事者双方が遺留分権利者に損害を加えることを知って贈与をした場合は負担付贈与とみなして加算】（民法1045②）

カ　贈与以外の無償の処分　【贈与と同様に扱い加算】

（5）相続債務

　遺留分算定の基礎となる財産から控除される債務は、私法上の債務だけでなく、租税債務や罰金などの公法上の債務を含みます。

　遺贈により相続人の負うべき債務は、相続財産中の債務ではないため、控除される債務には含まれません。

　相続税などの相続財産に関する費用や遺言執行に関する費用（民法1021ただし書）は控除されるべき債務には当たらないと考えられています。

（6）遺留分算定の基礎となる財産の評価

ア　評価の時期

　遺留分算定の基礎となる財産を評価する基準時は、遺留分権が具体的に発生し、範囲が定まる相続開始時とするのが通説・判例です。

　金銭の場合は、贈与の価額を相続開始時の貨幣価値で評価し直します。金銭の場合以外は、相続開始時の取引価額によるべきと考えられます。

　受贈者の行為によって、その目的である財産が滅失した場合や、価値の増減があった場合でも、相続開始の時において、なお原状のままであるものとして、相続開始時の価値で評価します（民法1044②→904）。

イ　評価の方法

　財産の評価の方法は、財産の種類により異なります。

　不動産（原則）⇒取引価格を基準として評価します。

不動産（担保付）⇒不動産の価額から被担保債権額を控除して評価すべきと解されていますが、被担保債務が相続債務として遺留分算定の基礎となる財産から控除されている場合は、重複して控除されてしまうことになるため、控除すべきではないと考えられます。

　債権⇒債権の評価は、額面の金額を基礎として、債務者の資力、担保の有無などを具体的に考慮して評価すべきとされます。

　負担付贈与⇒目的の価額から負担額を控除したのが評価となります。

５．遺留分侵害額の請求に変更されたことによる税務の改正

（１）民法改正

　①旧法（〜 2019 年 6 月 30 日までの相続開始）

　　遺留分の侵害をされた兄弟姉妹（及びその代襲相続人である）以外の相続人は遺留分の侵害者に対して、減殺（無効という意味）の請求を一定期間内に出来た（共有状態に戻る）。

　②新法（2019 年 7 月 1 日〜の相続開始）

　　遺留分の侵害額（金銭のみ）の請求に変更されました。

　改正に伴う課税関係の変更等

（２）相続税法の改正等（更正の請求の特則）第３２条①三号

　①旧法（〜 2019 年 6 月 30 日までの相続開始）

　　三号　遺留分による減殺の請求に基づき返還すべき、又は弁償すべき額が確定したこと。（小規模宅地等の特例にも影響した。庁→ＨＰ→法令等→質疑応答事例→小規模宅地の特例６。選択替え等が可能であった）

6　遺留分減殺に伴う修正申告及び更正の請求における小規模宅地等の選択替えの可否

【照会要旨】

被相続人甲(平成○年3月10日相続開始)の相続人は、長男乙と長女丙の2名です。乙は甲の遺産のうちA宅地(特定居住用宅地等)及びB宅地(特定事業用宅地等)を遺贈により取得し、相続税の申告に当ってB宅地について小規模宅地等の特例を適用して期限内に申告しました。

その後、丙から遺留分減殺請求がなされ、家庭裁判所の調停の結果B宅地は丙が取得することになりました。

そこで、小規模宅地等の対象地を、乙は更正の請求においてA宅地と、丙は修正申告においてB宅地とすることが出来ますか(限度面積要件は満たしています。)。なお、甲の遺産の内小規模宅地等の特例の対象となる宅地等は、A宅地及びB宅地のみです。

【回答要旨】

当初申告におけるその宅地に係る小規模宅地等の特例の適用について何らかの瑕疵がない場合には、その後、その適用対象宅地の選択換えをすることは許されないこととされていますが、照会の場合は遺留分減殺請求という相続固有の後発的事由に基づいて、当初申告に係る土地を遺贈により取得出来なかったものですから、更正の請求においてA宅地について同条を適用することを、いわゆる選択換えというのは相当ではありません。

したがって、乙の小規模宅地等の対象地をA宅地とする変更は、更正の請求において添付書類等の要件を満たす限り認められると考えられます。また、当初申告において小規模宅地等の対象地を選択しなかった丙についても同様に取り扱って差し支えないと考えられます。

【関係法令通達】　租税特別措置法第69条の4

注記

平成30年7月1日現在の法令・通達等に基づいて作成しています。

②新法（2019 年 7 月 1 日〜の相続開始）

　三号　遺留分侵害額の請求に基づき支払うべき金銭の額が確定したこと。（小規模宅地等の特例には影響しない）

（3）民法の実務的な考え方

①遺留分の侵害額（金銭のみ）の請求に変更されたため、遺留分権利者からは金銭の請求しか出来なくなりました。

②しかし、実務的には侵害者の固有財産または相続財産で支払うことは、そのような内容の契約（代物弁済契約）が当事者で成立すれば可能です。

③民法 482 条は「弁済をすることが出来る者（以下「弁済者」という。）が、債権者との間で、債務者の負担した給付に代えて他の給付をすることにより債務を消滅させる旨の契約をした場合において、その弁済者が当該他の給付をしたときは、その給付は、弁済と同一の効力を有する。」と規定しています。

6．遺留分の侵害請求と課税関係

代償分割・現物分割➡遺産分割協議の１手法

２０１９年７月１日〜の相続／所基通	例　兄は父から遺贈で遺産１００％取得
（遺留分侵害額の請求に基づく金銭の支払に代えて行う資産の移転）33−1の6 　民法第1046条第１項《遺留分侵害額の請求》の規定による遺留分侵害額に相当する金銭の支払請求があった場合において、金銭の支払に代えて、その債務の全部又は一部の履行として資産（当該遺留分侵害額に相当する金銭の支払請求の基因となった遺贈又は贈与により取得したものを含む。）の移転があったときは、その履行をした者は、原則として、その履行があった時においてその履行により消滅した債務の額に相当する価額により当該資産を譲渡したこととなる。 （注）当該遺留分侵害額に相当する金銭の支払請求をした者が取得した資産の取得費については、38−7の2参照	兄は固有財産有　法定相続人兄と弟２名 〜２０１９．６．３０（旧法） 弟が２５％遺留分の減殺（無効の意味）請求 ※物権的形成権➡準共有状態 ①現金で支払　（準代償分割）　　（譲渡なし） ②固有財産で支払（同上）　　　　（譲渡所得） ③相続財産で支払（準現物分割）　（譲渡なし） ◀（新設）２０１９．７．１〜適用（新法） 弟が２５％遺留分の侵害請求 弟は金銭でしか請求出来ない⑪。金銭債権 しかし兄弟間の協議で⑫・⑬も可能 ⑪現金で支払　　　（相続税）　　（譲渡なし） ⑫固有財産で支払（同上）　　　　（譲渡所得） ⑬相続財産で支払（同上）　　　　（譲渡所得） ※②⑫⑬は民法４８２の代物弁済と考える。 申告書第１１表で、（同額を）兄△・弟＋

兄１００％遺贈取得　➡　兄が25％弟に相続財産を提供

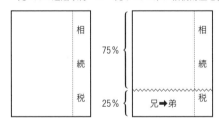

・旧法では現物分割に準ずる考え方で　相続税の世界で完結（譲渡なし）
2013（平成25）.08.29 公表裁決
・新法では弟への代物弁済
　譲渡所得発生➡措置法39 適用可

参考★措置法３５③相続後空家住宅譲渡特例の適用可能（弟へ譲渡、原則可）

例　父が　兄に100%遺贈　弟0％　（母は既に他界）
弟は遺留分侵害額に相当する金額 25,000,000 円の支払請求　　　　　　　　（単位：円）

		遺留分侵害者（兄）		遺留分権利者（弟）	
時価 3,000 万円 の資産 を移転	差額 清算	現金　　5,000,000 債務　25,000,000	譲渡収入 30,000,000	不動産 30,000,000	債権　　25,000,000 現金　　　5,000,000
	清算 なし	差額に相当する金額について清算金の受領又は残りの債務に係る支払が行われない場合、その当事者間の合意に至る経緯やその合意内容等具体的には ①差額に相当する金額に係る債権放棄、 ②債務免除等の有無といった個々の事実関係に基づいて、譲渡所得の収入金額となる「その履行により消滅した債務の額」を判断することになる。			
時価 2,000 万円 の資産 を移転	清算 なし				
	差額 清算	債務　25,000,000	譲渡収入 20,000,000 現金　　　5,000,000	不動産 20,000,000 現金　　5,000,000	債権　　25,000,000

《参考文献》
「図解　民法（親族・相続）」監修　田中千草 他　大蔵財務協会
2019 年版

相続後の空き家譲渡特例

1．制度の趣旨　（制度創設時の国土交通省のHPより）

　周辺の生活環境に悪影響を及ぼし得る空き家の数は、毎年平均して

約6．4万戸のベースで増加していますが、そのうち約4分の3は
1981年5月31日以前の耐震基準（いわゆる「旧耐震基準」）の下で建
築されており、また旧耐震基準の家屋の約半数は耐震性がないものと推計
されています。

　こうした空き家の発生を抑制することで、地域住民の生活環境への悪
影響を未然に防ぐことが課題となっています。

　こうした状況を踏まえ、相続により生じた空き家であって旧耐震基準
の下で建築されたものに関し、相続人が必要な耐震改修又は除却を行った
上で家屋又は敷地等を売却した場合の譲渡所得について特別控除を導入す
ることとされたものです。

2．制度の概要

　相続時から3年を経過する日の属する年の12月31日までに、被相続
人の居住の用に供していた家屋及びその敷地を相続した相続人（個人であ

る包括受遺者も含みます）が、当該家屋（耐震性のない場合は耐震リフォームをしたものに限り、その敷地を含む）又は取壊し後の土地を譲渡した場合には、当該家屋又は土地の譲渡所得から 3,000 万円を特別控除します。

　また、2019 年度税制改正で本特例措置については 2019 年 12 月 31 日までとされていた適用期間が 2023 年 12 月 31 日までに延長されることとなり、特例の対象となる相続した家屋についても、これまで被相続人が相続の開始直前において居住していたことが必要でしたが、老人ホーム等に入居していた場合（一定要件を満たした場合に限ります）も対象に加わることとなりました。

　この拡充については 2019 年 4 月 1 日以後の譲渡が対象です。

3．制度の概要図解例

①譲渡対価（売却代金）1 億円		
②取得費　　　 450 万円 ③譲渡費用　　 550 万円 計②＋③＝　 1,000 万円	①－（②＋③）＝④譲渡益 9,000 万円 所有期間 5 年超の場合 ④×税率合計 20.315％＝ 18,283,500 円（本来の税額）	
	④－ 3,000 万円控除＝⑤ ※相続税の取得費加算を適 用すると適用不可	⑤＝ 6,000 万円 6,000 万円 ×20.315％＝ 12,189,000 円（最終の税額）

節税効果　最大 6,094,500 円（一人につき）

4．要件の概要

（要件1）家屋の建築日

① 1981（昭和56）年5月31日までに建築された家屋であること。

②区分所有建物の登記がされていない建物であること。

※　家屋と建物は同義語と考えてください。

（要件2）相続開始日

2015（平成27）年1月2日～2023（令和5）年12月31日までの相続開始であること。

（要件3）譲渡期間

①相続開始日から3年を経過する日の属する年の12月31日までに譲渡

②かつ2016年4月1日から2023年12月31日までに譲渡すること。

（要件4）相続開始前居住要件

①被相続人が死亡時、その家屋に単独で居住していたこと。

② 2019年4月1日からの譲渡の場合、その家屋は空き家であるが、一定の老人ホーム等に入所していても可能です。

（要件5）相続後未利用

①被相続人が死亡後、譲渡するまで空家状態（貸付等したら適用は受けられません）。

②被相続人が死亡後、家屋を取り壊した場合、その後譲渡するまで空地状態（貸付等したら適用は受けられません）。

（要件6）　家屋（又は家屋と敷地）を譲渡する場合

①耐震リフォームすること（被相続人が既にしている場合は不要です）。

②耐震証明書を一定の機関に発行してもらい申告書に添付が必要です。

（要件7）　敷地のみ譲渡する場合

①家屋の取壊しをしなければなりません。

②買主が取壊しても譲渡の直前までであれば適用を受けられます。

③取壊し費用は譲渡費用になります。

（要件8）　譲渡対価要件

①1億円以下であること。

②固定資産税等の日割り相当額をもらうと譲渡対価に加算されます。

③要件7の②の場合、買主負担の取壊し費用は譲渡対価に加算されます。

5．Q&A

Q1・特例の適用を受けることが出来るのはどのような者でしょうか？

　A1・一定の被相続人居住用家屋及びその敷地等の両方を相続又は遺贈により取得した相続人（包括受遺者を含む）が特例の適用を受けることが出来ます。

　①相続人と、②相続人と同様の権利を有する（個人である）包括受遺者のみが適用を受けることが出来ます。

　被相続人居住用家屋及びその敷地等の両方を上記の取得原因により取得した者が適用出来ますので、その家屋のみ又はその敷地等のみを取得した場合には適用出来ません（措置法35③）。

Q2・共有で相続又は遺贈により取得した場合

　一人暮らしをしていた甲が死亡し、建築後５０年（昭和４０年代）を経過したその居住用家屋と敷地等をそれぞれ相続人Ａ 40％と、相続人Ｂが 60％の共有で取得し、その家屋を取壊して敷地等を譲渡しました。

　ＡとＢはそれぞれ本特例の適用を受けることが出来ますか?

　Ａ２・ＡとＢそれぞれ１人につき 3,000 万円ずつ適用を受けることが出来ます（要件を満たす者の人数×3,000 万円適用可です）。

　本特例の適用を受けることが出来る者の要件として「相続又は遺贈による被相続人居住用家屋及び被相続人居住用家屋の敷地等の取得をした相続人」と規定されておりますが、適用を受けることが出来る相続人の数については定めがありません。

　したがって、要件を満たす相続人については何人でも適用を受けることが出来ますので、被相続人居住用家屋とその敷地等について相続後に売却予定である場合は、取得する相続人の数が多い方が税金の負担が少なくなり有利になります。

　ただし、適用を受けるためには全体の譲渡対価が 10,000 万円（１億円）以下である必要があります。

　本問のケースでは、例えば全体の譲渡代金が 11,000 万円の場合には、相続人Ａは 4,400 万円、Ｂは 6,600 万円となり、適用があるように思えますが、相続人ＡとＢは「居住用家屋取得相続人」ですので、ＡＢそれぞれについて相手の取得した家屋と敷地等は「対象譲渡資産一体家屋等」に該当し、一緒に売却する場合には、相手が本特例を適用するかどうかにかかわらず適用前譲渡となりますので、11,000 万円＞ 10,000 万円となり、適用がありません（措置法 35 ⑤）。

Q3・複数回に分けて売却した場合の適用関係

一人暮らしをしていた甲が死亡し、建築後５０年を経過した居住用家屋とその敷地等を相続人Ａが取得し、その家屋を取壊して敷地等の半分を2,000万円で譲渡し、本特例の適用を受けました。

その翌年、その半分を1,000万円で譲渡しました。

初年度の売却では、3,000万円の控除額のうち2,000万円しか適用することが出来なかったので、初年度の申告について残りの控除額1,000万円を翌年の申告で適用を受けることは出来ますか？

Ａ3・本特例は、１回の相続につき１人の相続人ごとに１回しか受けることは出来ませんので、適用年度において控除額の余りがあっても翌年の申告で適用を受けることは出来ません（措置法35③）。

相続又は遺贈による被相続人居住用家屋及び被相続人居住用家屋の敷地等の取得をした相続人が、2016年４月１日から2023年12月31日までの間に、した譲渡（当該相続の開始があった日から同日以後３年を経過する日の属する年の12月31日までの間にしたものに限るものとし、措置法39条の規定の適用を受けるもの及びその譲渡の対価の額が１億円を超えるものを除く）をした場合（当該相続人が既に当該相続又は遺贈に係る当該被相続人居住用家屋又は当該被相続人居住用家屋の敷地等の対象譲渡についてこの規定の適用を受けている場合を除く）。

Q4・被相続人居住用家屋及びその敷地等の要件の概要を教えて下さい。

Ａ4・被相続人居住用家屋とは、当該相続の開始の直前において当該相続又は遺贈に係る被相続人の居住の用（居住の用に供することが出来ない事由（以下「特定事由」といいます。【特定事由＝一定の老人ホーム等

入所等＋入所等前要介護認定等）により当該相続の開始の直前において
当該被相続人の居住の用に供されていなかった場合（一定の未利用要件等
を満たす場合に限ります）における当該特定事由により居住の用に供され
なくなる直前の当該被相続人の居住の用（「対象従前居住の用」という。
を含みます）に供されていた家屋（次の①〜③の要件を満たすものに限り
ます）をいいます。

　被相続人居住用家屋の敷地等とは、相続の開始の直前において被相続
人居住用家屋の敷地等の用に供されていた土地又は土地の上に存する権利
【借地権など】をいいます（措置法35④）。

　① 1981 年 5 月 31 日以前に建築されたこと。

　②建物の区分所有等に関する法律第一条の規定に該当する建物でない
こと。【要件2：区分所有建物の登記がされていない建物】

　③当該相続の開始の直前において当該被相続人以外に居住をしていた
者がいなかったこと（当該被相続人の当該居住の用に供されていた家屋が
対象従前居住の用に供されていた家屋である場合には、当該特定事由によ
り当該家屋が居住の用に供されなくなる直前において当該被相続人以外に
居住をしていた者がいなかったこと）。【要件3：独居要件】

Q 5・被相続人居住用家屋が賃貸併用住宅である場合

　甲は、2 階建の賃貸併用住宅（建築後 5 0 年を経過）の 1 階に居住し
ており、その家屋と敷地等を相続人 A が取得し、家屋を取壊し譲渡しまし
たが、本特例の適用を受けることは出来ますか?

　A 5・被相続人居住用家屋に被相続人以外に居住をしていた人がいる
ため適用はありません。

　被相続人の居住の用に供していた家屋が、本特例の適用対象となる被

相続人居住用家屋に該当するためには、「当該相続の開始の直前において当該被相続人以外に居住をしていた者がいなかったこと」、すなわち、相続の開始の直前において、その（賃貸部分も含めた）家屋に被相続人が一人で居住していたことが要件の一つとされています（措置法35④三）。

　したがって、甲だけでなく、賃借人にとっても賃貸併用住宅（＝被相続人居住用家屋）は生活の拠点であるため、相続の開始の直前において、被相続人以外に、被相続人の居住の用に供していた家屋を「生活の拠点」として利用していた人がいたことになります。

Q6・被相続人居住用家屋が賃貸併用住宅である場合

（賃借人との契約を相続開始前に更新していなかったケース）

　甲は、2階建の賃貸併用住宅（建築後50年を経過）の1階に1人で居住していました。相続開始1か月前に賃借人との賃貸借期間が終了していたため更新していませんでした。その後、新たに募集もしておりません。

　相続後、その家屋と敷地等を相続人Aが取得し、その家屋を取壊し譲渡しましたが本特例の適用を受けることは出来ますか？

　A6・賃借人が相続開始時点において退去している場合適用があります。

　賃借人が相続開始時点において退去している場合は「当該相続の開始の直前において当該被相続人以外に居住をしていた者がいなかったこと」に該当しますので、被相続人居住用家屋のうち居住部分である1階部分のみが対象譲渡となります。

《参考文献》

「空き家譲渡特例のすべて」　大塚政仁・平田康治　監修　髙橋安志　ぎょうせい　2019 年版

相続税を支払うお金がありません。延納出来ますか？

1．相続税額の納付方法

(1) 現金納付が原則

　相続税は原則として期限内に金銭で納付する必要がありますが、いつ発生するか分らない臨時的な巨額な税金をいつでも用意しておくことは不可能です。そこで延納と物納という制度がありますが、それぞれ一定の条件をつけて認められています。

(2) 相続税の納付方法

原則：期限内の金銭納付

特例：

　①金銭で納付することが困難　　⇒　　延納

　②延納によっても金銭で納付することが困難　　⇒　　物納

（3）物納とは

①物納は、現金による即納はもちろんのこと、延納によっても金銭で
　納付することを困難とする事由があり、かつ、その納付を困難とす
　る金額の限度において認められる納付方法です。
②従って、最初から物納することを決めてかかるのには注意が必要で、
　「金銭納付を困難とする理由書」の記入順序によりまず延納が優先さ
　れます。それでも納付困難な金額が物納の対象になります。

2．延納制度のあらましと要件等

（1）延納制度

①申告または更正・決定により納付することになった相続税額が 10 万
　円を超え、納期限までにまたは納付すべき日に金銭で納付すること
　を困難とする事由がある場合、その納付を困難とする金額を限度と
　して、担保を提供することにより、年賦で納めることが出来ます。な
　おこの延納期間中は一定の利子税がかかります。
②またその相続税に附帯する延滞税、加算税及び連帯納付責任額につ
　いては、延納の対象になりません。

（2）延納の要件である次のすべてを満たす場合に、延納の許可が受けられる

①相続税額が 10 万円を超えていること
②金銭納付を困難とする金額の範囲内であること
③延納申請書と担保提供関係書類を提出期限内に提出していること

④延納税額に相当する担保を提供すること

（3）延納制度の内容

①審査期間が法定化されている

　延納申請書が提出された場合は、申請期限から３か月以内に許可又は却下を行います。なお、延納担保の状況等によっては、最長で６か月まで延長する場合があります。

②手続等の明確化が図られている

　延納担保として提供が必要な書類が財産ごとに明示されています。

③担保提供関係書類の提出期限

　納期限又は納付すべき日 (延納申請期限) までに延納申請書に担保提供関係書類を添付して提出する必要があります。ただし、期限までに担保提供関係書類を提出することが出来ない場合は、届出により提出期限の延長 (最長６か月) が認められます。

④特定物納制度 (延納から物納への変更)

　延納の許可を受けた相続税額について、その後に延納条件を履行することが困難となった場合には、申告期限から10年以内に限り、分納期限が未到来の税額部分について、延納から物納への変更を行うことが出来ます。

　特定物納申請をした場合には、物納財産を納付するまでの期間に応じ、当初の延納条件による一定の利子税を納付することとなります。なお、特定物納に係る財産の収納価額は、特定物納申請の時の価額となります。

（4）<u>延納申請書に添付して提出すべき担保提供関係書類</u>（例示：土地又は建物の場合）

　　延納申請期限までに延納申請書に添付して提出してください。

土地	登記事項証明書（登記簿謄本）、固定資産税評価証明書など土地の評価の明細、抵当権設定に必要な書類（抵当権設定登記承諾書、登記原因証明情報、印鑑証明書）を提出する旨の申出書
建物	登記事項証明書（登記簿謄本）、固定資産税評価証明書など建物の評価の明細、抵当権設定に必要な書類（抵当権設定登記承諾書、登記原因証明情報、印鑑証明書）を提出する旨の申出書、裏書承認等のある保険証券等の写し、質権設定承認請求書

３．延納申請書及び担保提供関係書類の提出

（１）<u>延納申請書の提出期限及び提出先</u>

　①「相続税の延納申請書」及び「担保提供関係書類」は、納期限までまたは納付すべき日に、被相続人の死亡の時における住所地を所轄する税務署に提出します。

　②延納申請書が提出期限に遅れて提出された場合、その延納申請は却下されます。

（2）提出する書類

　延納申請時に提出する書類は、延納申請書のほか、「金銭納付を困難とする理由書」（説明資料を含む）などの申請書別紙及び担保提供関係書類があります。

（3）担保提供関係書類の提出期限の延長

①延納申請書の提出期限までに担保提供関係書類の提出が出来ない場合には、その提出期限までに「担保提供関係書類提出期限延長届出書」を提出することにより、担保提供関係書類の提出期限を延長することが出来ます。

　不足する書類の作成状況を踏まえて、いつまで期限を延長する必要があるかを申請者自身でご判断し、３か月の範囲内の日を期限として提出します。

　一度の届出によって延長出来る期間は３か月で、３か月以内であれば何日でも構いません。

②また、担保提供関係書類の提出期限を延長したものの、延長した期限においてもまだ提出が出来ない場合には、その延長した期限までに再度「担保提供関係書類提出期限延長届出書」を提出することにより更に３か月間、提出期限を延長することが出来ます。

③この届出書には提出回数の制限はありませんから、３か月の範囲で期限の延長を順次行うことにより、延納申請書の提出期限の翌日から最長で６か月、提出期限を延長することが出来ます。

4. 相続税延納申請書と金銭納付を困難とする理由書

相 続 税 延 納 申 請 書

（税務署
収受印）

税 務 署 長 殿

令 和　年　月　日

下記のとおり相続税の延納を申請します。

（〒　　　）
住所 ＿＿＿＿＿＿＿＿＿＿＿＿
フリガナ
氏名 ＿＿＿＿＿＿＿＿＿＿印

（職業）＿＿＿＿（電話）＿＿＿＿

記

1 延納申請税額

①	納付すべき相続税額	円
②	①のうち 物 納 申 請 税 額	
③	①のうち 納税猶予をする税額	
④	差引（①－②－③）	
⑤	④のうち 現金で納付する税額	
⑥	延 納 申 請 税 額（④－⑤）	

2 金銭で納付することを困難とする理由

別紙「金銭納付を困難とする理由書」のとおり

3 不 動 産 等 の 割 合

区 分		課税相続財産の価額（③の税額がある場合は農業投資価格によります。）	割 合
割合の判定	立木の価額 ⑦		⑩（⑦／⑨）(端数処理不要) 0.
	不動産等(⑦を含む。)の価額 ⑧		⑪（⑧／⑨）(端数処理不要) 0.
	全体の課税相続財産の価額 ⑨		
割合の計算	立木の価額 ⑫(千円未満の端数切り捨て) ,000		⑮（⑫／⑭）(小数点第三位未満切り上げ) 0.
	不動産等(⑦を含む。)の価額 ⑬(千円未満の端数切り捨て) ,000		⑯（⑬／⑭）(小数点第二位未満切り上げ) 0.
	全体の課税相続財産の価額 ⑭(千円未満の端数切り捨て) ,000		

4 延納申請税額の内訳

（作成税理士
事務所所在地
署名押印
電話番号）

				5 延納申請年数	6 利子税の割合
不動産等の割合（⑪）が75％以上の場合	不動産等に係る延納相続税額	（④×⑯と⑥とのいずれか少ない方の金額	⑰(100円未満端数切り上げ) 00	（最高）20年以内	3.6
	動産等に係る延納相続税額	（⑥－⑰）	⑱	（最高）10年以内	5.4
不動産等の割合（⑪）が50％以上75％未満の場合	不動産等に係る延納相続税額	（④×⑯と⑥とのいずれか少ない方の金額	⑲(100円未満端数切り上げ) 00	（最高）15年以内	3.6
	動産等に係る延納相続税額	（⑥－⑲）	⑳	（最高）10年以内	5.4
不動産等の割合（⑪）が50％未満の場合	立木に係る延納相続税額	（④×⑮と⑥とのいずれか少ない方の金額	㉑(100円未満端数切り上げ) 00	（最高）5年以内	4.8
	その他財産に係る延納相続税額	（⑥－㉑）	㉒	（最高）5年以内	6.0

（税）

7 不動産等の財産の明細　別紙不動産等の財産の明細書のとおり

8 担 保　別紙目録のとおり

9　分納税額、分納期限及び分納税額の計算の明細

㉓ 期　限	分　納　期　限	延納相続税額の分納税額　1,000円未満の端数が生ずる場合には、端数金額は第1回に含めます。		分　納　税　額　計 （㉔＋㉕）
		㉔ 不動産等又は立木に係る税額 ⑰÷「5」欄の年数　、 ⑲÷「5」欄の年数　又は ㉑÷「5」欄の年数	㉕ 動産等又はその他の財産に係る税額 ⑱÷「5」欄の年数　、 ⑳÷「5」欄の年数　又は ㉒÷「5」欄の年数	
第1回	令和　年　月　日	円	円	円
第2回	年　月　日	，000	，000	，000
第3回	年　月　日	，000	，000	，000
第4回	年　月　日	，000	，000	，000
第5回	年　月　日	，000	，000	，000
第6回	年　月　日	，000	，000	，000
第7回	年　月　日	，000	，000	，000
第8回	年　月　日	，000	，000	，000
第9回	年　月　日	，000	，000	，000
第10回	年　月　日	，000	，000	，000
第11回	年　月　日	，000		，000
第12回	年　月　日	，000		，000
第13回	年　月　日	，000		，000
第14回	年　月　日	，000		，000
第15回	年　月　日	，000		，000
第16回	年　月　日	，000		，000
第17回	年　月　日	，000		，000
第18回	年　月　日	，000		，000
第19回	年　月　日	，000		，000
第20回	年　月　日	，000		，000
計		（⑰、⑲又は㉑の金額）	（⑱、⑳又は㉒の金額）	（⑥の金額）

10　その他の参考事項

右の欄の該当の箇所を○で囲み住所氏名及び年月日を記入してください。	被相続人、遺贈者	（住所）	
		（氏名）	
	相　続　開　始　　遺贈年月日	令和　　年　　月　　日	
	申告（期限内、期限後、修正）、更正、決定年月日	令和　　年　　月　　日	
納　　　　期　　　　限		令和　　年　　月　　日	
物納申請の却下に係る延納申請である場合は、当該却下に係る「相続税物納却下通知書の日付及び番号」		令和　　年　　月　　日	第　　　号

金銭納付を困難とする理由書

令和　年　月　日

税務署長殿

住所　＿＿＿＿＿＿＿＿＿＿＿＿＿
氏名　　　　　　　　　　　㊞

　令和　年　月　日付相続（被相続人　　　　　　　）に係る相続税の納付については、
納期限までに一時に納付することが困難であり、その困難な金額は次の表のとおり
延納によっても金銭で納付することが困難であり、
であることを申し出ます。

1	納付すべき相続税額（相続申告書第1表㉔の金額）		A	円
2	納期限（又は納付すべき日）までに納付することができる金額		B	円
3	延納許可限度額	【A－B】	C	円
4	延納によって納付することができる金額		D	円
5	物納許可限度額	【C－D】	E	円

2 納期限（又は納付すべき日）までに納付することができる金額の計算	(1) 相続した現金・預貯金等	（イ＋ロ－ハ）	【　　　　円】	
	イ 現金・預貯金（相続申告書第15表の金額）	（　　　　円）		
	ロ 換価の容易な財産（相続税申告書第11表第15欄等の金額）	（　　　　円）		
	ハ 支払費用等	（　　　　円）		
	内訳　相続債務（相続税申告書第15表の金額）	［　　　　円］		
	葬式費用（相続税申告書第15表の金額）	［　　　　円］		
	その他（支払内容：　　　）	［　　　　円］		
	（支払内容：　　　）	［　　　　円］		
	(2) 納税者固有の現金・預貯金等	（イ＋ロ＋ハ）	【　　　　円】	
	イ 現金	（　　　　円）	←裏面①の金額	
	ロ 預貯金	（　　　　円）	←裏面②の金額	
	ハ 換価の容易な財産	（　　　　円）	←裏面③の金額	
	(3) 生活費及び事業経費	（イ＋ロ）	【　　　　円】	
	イ 当面の生活費（3ヶ月）うち申請者が負担する額	（　　　　円）	←裏面⑪の金額×3/12	
	ロ 当面の事業経費	（　　　　円）	←裏面⑭の金額×1/12	
	Bへ記載する	【(1)＋(2)－(3)】	B	【　　　　円】

4 延納によって納付することができる金額の計算	(1) 経常収支による納税資金（イ×延納年数(最長20年)）＋ロ	【　　　　円】		
	イ 裏面④－（裏面⑪＋裏面⑭）	（　　　　円）		
	ロ 上記2(3)の金額	（　　　　円）		
	(2) 臨時的収入	【　　　　円】	←裏面⑮の金額	
	(3) 臨時的支出	【　　　　円】	←裏面⑯の金額	
	Dへ記載する	【(1)＋(2)－(3)】	D	円

添付資料
☐　前年の確定申告書（写）・収支内訳書（写）
☐　前年の源泉徴収票（写）
☐　その他（　　　　　　　　　　　　　　　　　　　　）

（裏面）

1　納税者固有の現金・預貯金その他換価の容易な財産

手持ちの現金の額			①	
預貯金の額	／　（　　　　　円）	／　（　　　　　円）	②	円
	／　（　　　　　円）	／　（　　　　　円）		
換価の容易な財産	（　　　　　　円）	（　　　　　　円）	③	円
	（　　　　　　円）	（　　　　　　円）		

2　生活費の計算

給与所得者：前年の給与の支給額		④	円
事業所得者：前年の収入金額			
申請者	100,000 円×12	⑤	1,200,000 円
配偶者その他の親族	（　　　人）×45,000 円×12	⑥	円
給与所得者：源泉所得税、地方税、社会保険料（前年の支払額）		⑦	円
事業所得者：前年の所得税、地方税、社会保険料の金額			
生活費の検討に当たって加味すべき金額　　加味した内容の説明・計算等		⑧	円
生活費(1 年分)の額　　　（⑤+⑥+⑦+⑧）		⑨	円

3　配偶者その他の親族の収入

氏名	（続柄　　　　）	前年の収入（　　　　円）	⑩	円
氏名	（続柄　　　　）	前年の収入（　　　　円）		
申請者が負担する生活費の額　⑨×（④／（④+⑩））			⑪	円

4　事業経費の計算

前年の事業経費(収支内訳書等より)の金額	⑫	円
経済情勢等を踏まえた変動等の調整金額　　調整した内容の説明・計算等	⑬	円
事業経費(1 年分)の額　　　（⑫+⑬）	⑭	円

5　概ね1 年以内に見込まれる臨時的な収入・支出の額

臨時的収入		年　　月頃（　　円）	⑮	円
		年　　月頃（　　円）		
臨時的支出		年　　月頃（　　円）	⑯	円
		年　　月頃（　　円）		

各種確約書

> 　提供しようとする担保が以下に掲げるものである場合、担保の種類に応じて以下の確約が必要となりますので、該当する事項を確認した上、該当欄文頭の□にチェックしてください。
>
> 　なお、担保の種類が複数の場合、該当するすべての事項にチェックしてください。

【土地】

【抵当権設定手続関係書類提出確約書】

□　私の延納申請に関して、税務署長から次の書類の提出を求められた場合には、速やかに提出することを約します。

1　担保（土地）所有者の抵当権設定登記承諾書

2　担保（土地）所有者の印鑑証明書

【建物、立木、及び登記される船舶並びに登録を受けた飛行機、回転翼航空機及び自動車並びに登記を受けた建設機械（以下「建物等」という。）で保険に付したもの】

【抵当権設定手続関係書類提出確約書】

□　私の延納申請に関して、税務署長から次の書類の提出を求められた場合には、速やかに提出することを約します。

1　担保（建物等）所有者の抵当権設定登記（登録）承諾書

2　担保（建物等）所有者の印鑑証明書

【鉄道財団、工場財団、鉱業財団、軌道財団、運河財団、漁業財団、港湾運送事業財団、道路交通事業財団及び観光施設財団（以下「財団等」という。）】

【抵当権設定手続関係書類提出確約書】

□　私の延納申請に関して、税務署長から次の書類の提出を求められた場合には、速やかに提出することを約します。

1　担保（財団等）所有者の抵当権設定登記（登録）承諾書

2　担保（財団等）所有者の印鑑証明書

抵当権設定登記承諾書

原　　　因　　次項の納税者の令和　年　月　日　　による　　　税及び利子税の
　　　　　　　額に対する　　担保としての平成　年　月　日抵当権設定契約

納　税　者

納　税　額　　金 ＿＿＿＿＿＿＿＿＿円

内　　　訳　　＿＿税額　金＿＿＿＿＿＿円及び利子税の額　金＿＿＿＿＿円

延滞税の額　　国税通則法所定の額

　　　未記物件に上の抵当権設定の登記をすることを承諾します。

　　令和　年　月　日

　　　　　　　　　国税局長
　　　　　　　沖縄国税事務所長　殿
　　　　　　　　　税務署長

　　　　　　　　　　　　　　　住　所
　　　　　　　　　　　　　　　氏　名　　　　　　　　　㊞

物件の表示

延納申請書別紙（担保目録及び担保提供書：土地）

1 担保物件

土地の表示（所在、地番、地目、地積）	価　額	担保権等			
		債務金額	設定年月日	順立	権利者の住所氏名
	円				

2 担保提供書

　以下の国税の担保として「1　担保物件」に記載した物件を提供します。

（1）原　因　　　　令和＿＿年＿＿月＿＿日＿＿＿＿＿による＿＿＿＿＿税及び利子税の額に対する延納担保

（2）納税額　　　　　　金＿＿＿＿＿＿＿＿＿＿＿＿＿＿＿＿円

　　　　内訳　　　　＿＿＿税額　金＿＿＿＿＿＿＿＿＿＿＿＿＿円

　　　　　　　　　　及び利子税の額　金＿＿＿＿＿＿＿＿＿＿＿円

　　　　延滞税の額　　　国税通則法所定の額

（3）担保所有者が納税者（延納申請者）以外の所有の場合

　　　　　　上記の担保の提供に同意します。

　　　　　　　令和＿＿＿＿年＿＿＿＿月＿＿＿＿日

　　　　　　　　　　　　　住所＿＿＿＿＿＿＿＿＿＿＿＿＿＿＿＿＿＿＿

　　　　　　　　　　　　　氏名＿＿＿＿＿＿＿＿＿＿＿＿＿＿＿＿印

不動産の現地調査を行う うえでの実務上の注意点

1．不動産調査の重要性

　不動産の価値を適切に査定あるいは適正に評価（以下、評価等という）を行うためには、前段階として必要十分な不動産の調査が必要となります。

　不動産の評価等において重要となるのは、増価要因よりも、むしろ減価要因です。取引に関わる誰もが、知らなかったけど価値が増加したことには寛大ですが、知らなかったけど価値が減少したことには厳格だからです。その不動産に内在する減価要因がどれぐらいあるのか、という量の観点と、それらがどの程度減価額として個別の不動産に影響を及ぼすのか、という質の観点の両方を把握することです。そして、正確で丁寧な不動産調査によってのみ、減価要因がどれぐらい内在しているのかを見抜くことが出来るのです。

　民法改正により、2020年4月1日から「瑕疵担保責任」は「契約不適合責任」（562条）に変わり、買主にとっては不動産を安心して買いやすくなる反面、売主の責任は更に重くなりました。不動産調査は広い範囲において、ますます正確性を求められる時代となりました。

2．不動産調査の手順

　個々の不動産の評価等をするに当たっての第一歩は、その不動産を特定することです。その際に必要な情報は、その物件の所在地及び所有者名です。住所は、建物が存在する場合に、住居表示に関する法律に基づき、建物に対して付された住居表示であり、土地の番号ではありません。調査の前提として、不動産登記法上で、土地１筆ごとに付された番号である地番のほか、建物ごとに付された番号である家屋番号を把握する必要があります。

　可能であれば、固定資産税等に関する資料、名寄帳、納税通知書及び課税明細書なども入手します。

　これらの情報を基にして、(1) 机上調査、(2) 法務局調査、(3) 役所調査、(4) 現地調査を行い、更に確認資料との照合の結果、不明点が発生した場合など、必要に応じて (5) 区役所等に戻って再調査を行います。

　上記 (4) 現地調査は、事前に収集した資料との照合作業を行い、不一致を把握し、不明事項を抽出するための作業です。現地調査を行うに際しては、法務局及び役所における収集資料を確認することが前提となるため、調査の手順は上記の順番が望ましいでしょう。

　なお、(2) 法務局調査については、前著「これから大きく変わる相続税と法律」(明日香出版社、2018 年 8 月 27 日初版発行) の第 4 章「不動産調査の方法（法務局編）」(173 頁～) を、(3) 役所調査については、前著「これから大きく変わる相続税と法律　続編」(明日香出版社、2019 年 8 月 29 日初版発行) の第 3 章「役所での有益な不動産調査の方法とそのための基礎知識」(130 頁～) を参考にして下さい。

3．現地調査

　現地調査において行う作業は、大別して、（1）比べる（収集した資料と現物を比較する）、（2）測る（メジャーで概測する）、（3）撮る（写真撮影する）です。事前に収集出来る資料を出来るだけ多く集めておくと、照合事項が多くなるため、その分だけ調査の精度が上がります。役所や法務局で収集した資料のみならず、過去との現況比較として、グーグルマップを利用して、ストリートビューで地上道路沿いからの様子を把握するだけでなく、建物がある場合には、３Ｄ機能を使って空中真上からのみならず、東西南北の方位からも状況を把握することは非常に有効です。

　現地調査に必要な持ち物としては、収集した資料をファイリングした冊子のほか、デジタルカメラ、メジャー、境界確認用道具、懐中電灯等です。デジタルカメラは、コンパクト、広角レンズ、電池寿命が長いものが望ましいでしょう。メジャーは5.5ｍのコンベックスメジャーは必須で、レーザーメジャーがあれば、かなり便利です。可能なら50ｍメジャーも持っていけば、ほとんどの不動産の概測が可能です。レーザーメジャー用の交換電池もあれば万全です。境界確認用道具は、軍手やスコップです。なお、金属のミニ靴ベラを代用することもあります。

　また、土に埋もれていた境界杭を綺麗に撮影するため、100円均一ショップで売っているような、やや硬めの洗濯用のミニハンドブラシを持参することもあります。

（１）道路について

①幅員について
公道で、４ｍ以上の幅員があり、役所の道路管理課などで道路台帳現況

平面図のほか、官民境界確定図が入手出来、官民境界杭も存在する場合は、それらの資料との照合を行います。なお、これらの図面は入手時にその作成年月日も把握しておくと、調査時点との比較で有用な追加情報となります。

概測する位置は、境界杭と対面位置との直角距離のほか、調査する対象土地の少なくとも両端の距離です。目視で違いが把握出来る場合は、最も長い距離の部分と最も短い距離の部分も現況幅員として測っておくと良いでしょう。境界杭がない場合は、道路側溝を目安とします。L字溝の場合はL字溝の外側間の距離を、U字溝の場合はU字溝の外側間の距離を測るとともに、U字溝の幅も測り、かつ、U字溝に蓋が有る（開渠）のか無い（暗渠）のかについてもメモしておきます。

U字溝が広い場合や蓋がされてない場合は、道路幅員に含めない、すなわち道路認定されない可能性があるからです。L字溝もU字溝も無い場合は、両側の民地のブロック塀等の間の距離を測ります。道路によっては舗装されている部分だけでなく路肩部分が未舗装で道路幅員として不明確な場合がありますが、その際は舗装されている部分と未舗装部分も含めた幅員を測っておきます。

4 m未満の幅員の場合には、セットバック（道路後退）に影響するため、特に注意して測っておくことが、調査の原則です。

② 位置について

道路が私道だった場合には、役所に存在する資料が少なくなるため、実務上注意しなければいけないのは、その位置です。

建築基準法第42条2項に該当する道路では、原則4 mになるように、両側土地所有者のセットバック（敷地後退）義務がありますが、その際に大事なのは、どのラインから双方2 mづつ後退するのか、という道路中

心線です。以前は、私道については役所が把握することは少なかったのですが、近年では、例えば「建築基準法第42条2項に基づく道路の中心線確定図」等の書類が存在することによって、事前把握することも可能になりつつあります。また、まれに、道路中心振り分けによる後退でない場合もあるため、役所において注意して事前調査する必要があります。

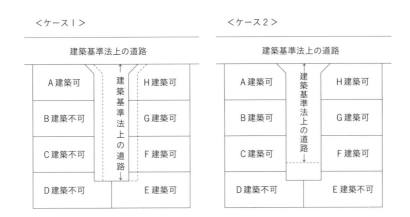

また、レアケースですが、建築基準法第42条1項5号に該当する道路、いわゆる位置指定道路について、図面上の位置と実際の位置がずれているケースがあります。位置指定された時期がかなり古い場合に見られます。道路幅員のみならず、延長（私道部分の道路の長さ）も測って現地との照合のうえ、図面と現況とのラインの差異を認識しておく必要があります。

実線が図面上の境界線で、点線が実際の境界線とします。〈ケース1〉の場合には、画地B〜Dについて、原則として建物再建築が不可となりま

す。また、画地Ｅ～Ｈについて建築は可能ですが、建築面積が減ることになります。また、〈ケース２〉の場合には、画地ＤとＥについて、原則として建物再建築が不可となります。このような画地については、建築基準法第43条第２項の認定制度や許可制度の適用が受けられるかどうかの確認が必要となります。

なお、建築基準法が改正（2018年６月27日公布）され、無道路地の救済措置の規定である従来の建築基準法第43条第１項ただし書き許可の規定について、第１項から同法第２項第２号許可になるとともに、２項第１号に新たに特定行政庁の認定行為が追加されています。

（２）土地について

① 境界標について

対象土地の地積測量図が存在するか否かを問わず、そこに隣接する土地の地積測量図の有無についても、法務局において事前に調査・収集しておくことは、境界標の存在を把握するだけでなく、対象土地についての寸法の参考となる情報が記載されていることもあるので、非常に有用です。

法務局備付けの地積測量図がある場合には、図面に記された境界標を確認します。一般的に境界標の種類としては、コンクリート杭、石杭、プラスチック杭、各種プレート、鋲のほか、ペンキ、刻み（既存のコンクリート等に直接溝を掘る）、木杭など色々あります。

鋲やプレートは、時間が経過すると土や枯葉などで埋もれており、少し掘ってみないと発見出来ないことがあります。木杭の場合は、腐食して無くなっている場合もあります。地表面のブロック塀の一部を切り取って境界標を入れているケースは分りやすいですが、自分の目線以上の高さのブロック塀の上に境界標が設置されているケースは見落としがちなので、

注意を要します。

　売買が行われる際に、地積測量図がない場合の新規作成や、地積測量図があるが現地には記載されている境界標が存在しない場合の復元などには、専門家である土地家屋調査士に事前に依頼することで、未然にトラブルを防ぐことが出来ます。

　隣地所有者との境界についての争いやトラブルが無いかどうかも確認します。そして、隣地所有者と境界の位置について争いがあることが判明した場合は、その原因を明確にしたうえで、境界標設置・復元してから契約を締結することが望ましいです。隣接地所有者との話し合いがつかない場合、昔は裁判（境界確定訴訟）しかありませんでしたが、2006年に不動産登記法が改正されて、「筆界特定制度」が新しく導入されています。これは、筆界特定登記官が外部の専門家である筆界調査委員の意見を踏まえて、現地における土地の筆界（≒境界）の位置を特定する制度です。筆界特定制度は平均6か月、長くても1年程度で一応の結論が出るように努力する（各法務局によって処理期間が異なる）とされているため、約2年かかる裁判よりも早く結論が出る制度となっています。費用負担も裁判に比べて少なくて済みます（詳しくは法務省ホームページ）。

　② 間口・奥行について

　建築物の敷地は道路に2m以上接しなければならない、とされています（建築基準法第43条第1項）。この接道義務について、実務上、よく問題となるのが、旗竿敷地（路地状敷地）です。

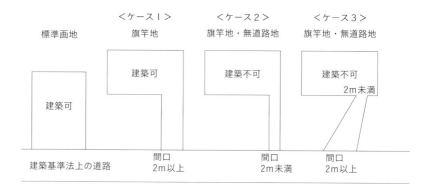

　〈ケース1〉において、現地調査で実務上注意する点は、隣地境界線の幅として2ｍ確保されていることを確認するだけでは足りないことです。路地状部分内にブロック塀などがあった場合には、堀の内側と内側で測った距離が2ｍ未満であったら、建築確認が下りない可能性があります。

　〈ケース2〉は、評価実務において、たまに遭遇するパターンです。市場時価は通常、標準画地の半分以下となります。この状態の解消には、対象土地の南側の土地をすべて買収する、または自己の土地の一部と交換する、間口が2ｍとなるように隣接地所有者から、一部のみ買収する、または賃貸借を行い地代を払う等により、再建築が出来ない状態の解消が可能です。

　見落としがちなのが、〈ケース3〉です。建物の実質的な敷地部分となる、いわゆる有効宅地部分にたどり着くまでの路地状部分が、最初から最後まで2ｍ確保されていないと接道義務を満たしていることにはなりません。よく言われるのは、直径2ｍのボールが路地状部分を道路から敷地まで転がっていけないと基準を満たしたことにはならない、です。

③ 規模について

建築基準法では、この規定（1950年5月24日）が適用されるに至った際、現に建築物が立ち並んでいる幅員4m未満の道で、特定行政庁の指定したものは、建築基準法上の道路とみなし、その中心線からの水平距離2mの線をその道路の境界線とみなす規定があります（建築基準法第42条2項、以下「2項道路」という）。

例えば、幅3.6m（2間）の道の両側に家が建ち並んでいて、「2項道路」に指定されている場合、再建築が認められることになるには、建て替える際に道路中心線から双方が0.2m後退（セットバック）しなければなりません。

したがって、対象土地が2項道路に接面している場合、セットバックする必要があります。公図上セットバック部分が分筆されていれば、ほとんどの場合、追加でセットバックする必要はありませんが、まれに、よく調べたらセットバックが足りないケースもあるので、注意を要します。

セットバックが行われていない場合に、事前に後退距離や概測面積を知りたい場合には、法務局調査の際に、公図を確認して対象土地の隣接地あるいは道路対面の土地で分筆されている地番の地積測量図を取得することや、役所調査の際に、これらの他の土地上における建物の建築計画概要書を取得して建物配置図を確認するなど、周辺不動産の情報を事前に収集することで把握出来、現地で目視による目安が確認出来ます。

地積測量図が無い場合には、「縄伸び」「縄縮み」の可能性を意識し、地積測量図がある場合よりも注意して概測する必要があります。「縄伸び」は、土地の実測面積が登記記録の面積より大きいことであり、「縄縮み」は逆に土地の実測面積が登記記録の面積より小さいことです。

さらに地積測量図がある場合でも、その作成年月が古い場合には注意を要します。

2005 年までは、分筆したい土地の部分だけを求積し、残った土地については全体面積からの引き算による面積で済ませる「残地求積」が許されていました。しかし、極端な例では、分筆を重ねていって、最後に残った土地を求積したら全く違った面積であったなどもありました。実態を反映し売買取引現場での混乱を是正するため、不動産登記法の改正（2004 年法改正、2005 年 3 月 7 日施行）により、「残地求積」の地積測量図は特別な事情がない限り、認められなくなりました。

すなわち、分筆後の全ての土地について、境界確定及び求積を行うことが義務付けられました。したがって、地積測量図の作成年月日による信ぴょう性も意識したうえで現地の確認を行うことが有用です。

（3）建物について

① 規模・用途について

建物は、法務局備付の建物全部事項証明書・建物図面、役所で取得した建築計画概要書・台帳記載事項証明書、依頼者から提供された実測図面（平面図）などにより、実物と照合していくことになります。これらの資料の存在、特に建築確認のみならず、検査済証も取得出来ているかどうかは、取引時における資産価値や融資にからむ担保価値に影響を及ぼすため、形式的な審査書類として重要ですが、現地確認により、その一歩先の実質的な調査に踏み込みます。

追加的な役所等への申請が必要なのにもかかわらず、申請をしていない部分がないかどうか照合する作業はもちろん必要ですが、申請しなくても合法であるケースもあるので注意すべきです。建築物の建築等に関する申請及び確認については、建築基準法第 6 条で定められています。ここで知っておくべき典型例は、2 項において「前項の規定は、防火地域及び

準防火地域外において建築物を増築し、改築し、又は移転しようとする場合で、その増築、改築又は移転に係る部分の床面積の合計が 10m^2 以内であるときについては、適用しない。」とされていることです。このようなケースで、増築されているからといって違反建築が行われていると勘違いしないようにしましょう。

　一方、実務において見かける違法行為は用途変更についてです。典型例は、商業ビルにおいて、駐車場付置義務があり設計図書上は 1 階部分の一部を駐車場にしているが、現地確認をすると店舗に用途変更され賃貸に供されていたというような場合で、これは違反建築物となります。商業地域で、1 階だから店舗等の利用が当たり前、という認識でいると違法状態を見逃してしまうことになります。

　② 維持管理の状態について

　建物は、人間が使用することによって、その存在価値があり、どのように使用するかによって、寿命が変わってきます。建物がどれぐらいの期間にわたり利用出来るのか、という耐用年数には、複数の概念があります。

　まず、固定資産（減価償却資産）に対して税法上、課税の観点から定められた耐用年数である法定耐用年数があります。木造又は合成樹脂造のもので住宅用の場合は 22 年とされています。

　また、売買取引における市場性の観点から判定される経済的耐用年数があります。木造の中古戸建住宅の場合、法定耐用年数に影響されていることもあり、20 〜 25 年と設定されることが多いです。

　さらに、物理的耐用年数があり、構造物の物理的性質に由来し、躯体そのものの寿命を示しているもので、国内において 2011 年に行われた建物の平均寿命実態調査の結果によると、木造専用住宅については約 65 年でした。

高度成長期においては、スクラップ＆ビルド型を促進させるような政策や税制などにより建て替えが進みました。しかし、平成バブル崩壊後の低経済成長や景気停滞などの社会的背景のもと、建物に関する長寿化促進への政策転換、国民意識の変化で、新築建物に対する崇拝信仰が薄れ、既存建物の修繕・リフォーム等による寿命の長期化を目指すストック型の傾向が見られます。

　所有者による維持管理・修繕の程度により、経済的残存耐用年数は延長出来るため、修繕管理・設備更新履歴の有無の調査は、経過年数だけの単純な基準により、資産価値を必要以上に下方判定しないようにするためにも重要です。

　③ その他の現地における所有者への確認など注意点について

　中古建物の場合には、エアコンなどの備付け設備が売買の対象となるのかどうか、それとも引き渡し時までに撤去するのか、さらに売買対象となる場合には問題なく稼働するかどうか等、について所有者に確認すると同時にどのような特約事項として記載するかを、改正された民法の契約不適合責任も踏まえて検討する必要があります。

　耐震性についても調査は必須です。2011年3月11日に発生した東日本大震災や、今後発生確率が高いとされている首都直下型地震や南海トラフ地震など、特に地震等の自然災害に対する国民意識は高まっています。事前の収集資料で新築年の確認によって新耐震基準（1981年6月）を形式上満たしているか、旧耐震基準だった場合に耐震補強工事を行っているか、などの確認が必要です。

　住宅については、1999年4月に施行された『住宅の品質確保の促進等に関する法律』(品確法)に基づく制度である住宅性能表示制度があります。また、2009年6月に施行された『長期優良住宅の普及の促進に関する法

律』（長期優良住宅法）に基づく制度である長期優良住宅制度もあります。これらに関する制度を適用して、その書類があるかどうかの確認も必要です。

　また、現時点での建物の状況を知るうえでは、ホームインスペクション（建物状況調査）を行うことが有効です。インスペクションとは、既存住宅（中古住宅）の外壁や基礎などの劣化状況や補修が必要な箇所を、住宅診断士（ホームインスペクター）が目視によって調査し、物件に関して客観的なアドバイスを行うことです。

　2016年5月に宅地建物取引業法改正案が国会で成立し、不動産仲介業者は2018年4月から中古住宅取引の際にホームインスペクションの説明が義務化されることになりました。

　媒介契約時、売買契約前の重要事項説明時などにおいて、その建物がホームインスペクションを受けた履歴があるか、今後実施する意向はあるか、が確認されることになります。今回の法改正ではインスペクションの実施自体が義務化されたわけではありませんが、買主保護のみならず、売主側が負担するリスク回避の観点からも将来的にはインスペクションが行われていることが前提となっていくと予測されます。

　現地における多岐にわたる調査項目のうち、今回は実務的に最重要と考えられる項目の一部を取り上げました。戸建住宅でも分譲マンションでも国内の人口減少・建物ストックの飽和が進行するなか、特に既存物件については買い手市場での選別が進むことは容易に予想されます。この流れに沿うならば、現地調査なくして不動産の価値判定は不可能といっても過言ではありません。適正な価値判定のためには、実際に、目で見て、耳で聞く適切な現地調査が必須となります。

《参考文献》

・「第 3 版　不動産調査実務ガイド Q ＆ A」（清文社、2016 年 3 月 1 日）

・「図解不動産業　不動産調査入門　実務の基礎」（住宅新報社、2009 年 4 月 10 日）

・「ポケット版　不動産調査実務マニュアル　東京篇」（株式会社こくえい不動産調査、2017 年 12 月第 3 版）

・「不動産の取引と評価のための物件調査ハンドブック」（プログレス、2018 年 1 月 22 日、第 2 版）

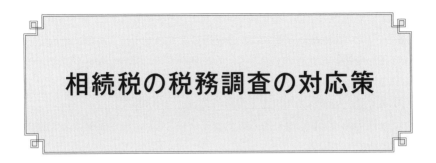

1．税務調査の法的根拠

　税務署職員は質問検査権(国税通則法第74条の3)を付与されています。客観的必要性の下で行います。

　では、拒むことは出来るのでしょうか？拒んでもその後処罰されてしまうので、納税者側に間接的強制を強いており、受忍義務はあると考えられています。しかし、あまりにも強圧的、非合法的手法であれば、厳重に抗議する必要があります。調査は大きく分けて「任意」と「強制」とがありますが、この件は「任意調査」を前提としています。

2．税務調査で何を調べるのか？

(1) 現預金について

　相続財産のうち、いわゆる金融資産のウェイトは増すばかりで、2018年分では相続財産の約半分を占め、調査時でも否認事項では金融資産の漏れが一番多く、名義預金の存在が大きいです。当局にとっては不動産（表現資産）と違って現預金（不表現資産）は見えづらく、一番漏れが多い財

産です。名義預金とは、被相続人の預金であるにもかかわらず、名前だけ
（妻、子供、孫名義）の預金のことを指します。簡単に言えば、その名義
人が稼いで蓄財したものではなく、単に名前だけの預貯金をいいます。そ
の事実関係を調べる方法として、当局は以下の点を調べていきます。

①被相続人の銀行の届出印と家族預金の銀行印が同じ。

②家族名義の通帳の存在を家族名義人は知らない。その通帳も被相続人
　が保管している。

③家族名義預金の口座開設時は家族が一切知らない。筆跡も家族名義人
　ではない。

④被相続人の通帳からの引き出しと同時期に家族名義預金が作成されて
　いる。

⑤過去の贈与を確認出来るものがなく、家族名義預金がある場合。

⑥妻の「へそくり預金」だが、原資が夫（被相続人）のものであれば、
　妻が稼いだものではない。

○贈与の要件

・受贈者が贈与を受けた事実を認識していること

・受贈者の預貯金の利息を受贈者の口座で受領していること

・受贈者は貰った預貯金を自由に使っていること

（2）株式（非上場株式）について　―特に名義株式について―

　1990年の商法改正前は、株式会社を設立する時は発起人が最低でも7
人必要であったため、資金拠出は1人で、他の6名は名前だけというこ
とが多かったです。ここに資金提供がないにもかかわらず、名前だけ出資
者というのが出現しました。これが相続の時は大問題になります。すなわ

ち、名義人も真の出資者だとしてしまうと、当然のこととして被相続人の所有株が減り、それだけ過少申告となってしまいます。したがって、当局はそこを重点的に追求してきます。

　以下の状態のものは、当局として重大な関心を示してきます。

・親族間で株主数が多く、分散されている場合
・株主の中に被相続人の親族がおり、その親族が後継ぎとなっている場合
・株価が非常に高くなっている場合
・毎年株の移動があるが、理由が不明な場合

　上記4つは、あくまでもこの財産の調べの入口であり、だからといって全て否認というわけではありません。

　株の出資状況、経営参画の程度、株主総会への出席状況、配当金の支払状況、もちろん株主としての認識、法人税申告書別表二への記載事項等で確認されます。

　特に株の移動があった場合の株主総会、贈与か譲渡かの契約書、申告等事実関係を裏付ける資料の確認もされます。

（3）株式の評価について　―特に同族会社について―

　上場株式のように株式市場がないので、会社で株式評価をしなければなりません。土地保有特定会社か株式保有特定会社かどうかの吟味もしなければなりませんが、昨今特に海外子会社があり、その株が高い場合は株式保有特定会社と認定される場合があるので、要注意です。対象会社で土地建物が取得後3年以内であれば、取得価額での評価は注意したいとこ

ろです。

　また、経理上に出てこない借地権、営業権、減価償却資産で特別償却
をした資産などにも注意したいところです。

（4）不動産について

　未登記物件、先代名義の不動産、共有物件、借地権があるかどうか、
そして、遠方にあるかどうかが問われます。不動産は評価が極めて重要な
ので、財産評価基本通達等（刻々変化する）に基づいて評価されているか、
小規模宅地等の特例の関係で所有、使われ方、取得の関係で法令等（刻々
変化する）通りに処理されているかどうか、また、死亡直前にあからさま
に多額の借入をして不動産を購入し、資産は評価圧縮を図り、多額の債務
で他の資産の圧縮を図るという意図的節税は、否認されるケースが出現し
ています。

　つまり、いくら合法であるとはいえ、課税上弊害があると当局が認定
すれば、否認してきます。

（5）生命保険料について

　生命保険料で今まで比較的申告漏れが多かったのは「生命保険契約に
関する権利」です。また、よくあるケースですが契約者が妻ないしは子供
名義であっても被相続人自身が負担していればそれは正真正銘の相続財産
になります。ただし、保険料分の預貯金を贈与して、契約者＝負担者にし
ておけば話しは別です。

（6）同族会社への社長貸付金について

　現場では、実に多くの同族会社がこの問題を抱えています。財産評価基本通達204（貸付金債権の評価）同通達205（貸付金債権等の元本価額の範囲）で規定されています。つまり、不良債権化していても、貸付先の会社が存続している限り、相続財産として取り込まざるを得ません。これを減少させる方法として、

　①債権放棄（会社では債務免除益が計上され、会社の課税所得対象となる）
　②債権者としての地位を他の者に110万円以内で贈与する
　③DES（債務と株式を交換する）

があります。①については、会社を継続させるため、あるいは、財政再建のためへのゴーイングコンサーン維持のためとのことであれば、問題なしと考えます。②の債権者の地位の贈与は、両者の合意がなければなりません。③のDESですが、資本充実の原則からして資本金相当部分でない分があれば法人税で課税の問題が生じる可能性があり、難しいところです。
　ただし、会社が清算結了となれば請求する相手が消滅しているので計上の必要はありません。

（7）債務控除について

　相続税計算上、債務として差し引けるものは確実なものでなければならないのは当然として、その債務の実在性について借入時に見合った財産は何であったか、そして、物として残っていない場合は何故なのか、痕跡

調べをされる場合があります。すなわち、仮装債務を見つけ出すためです。

　団体信用生命保険加入の被相続人の住宅ローンは債務として認められません。死亡時にその債務が消滅するからです。

　墓地の借入金は差し引けません。墓地は非課税財産なので、その債務も認められません。

　葬式費用は香典返し、初七日・四十九日等の法会費用、墓碑・仏壇は差し引けません。ただし、告別式に初七日も同時に行われ区別がつかない場合は葬式費用に入れざるを得ないでしょう。

（8）質問応答記録書作成の件について

　調査時に「質問応答記録書」に署名押印を求められる場合があります。調査時の質問応答のやりとりしたことを書面化したものです。この文書の主旨は、調査後に争いが生じた時、当局の主張の証拠資料として作成されるものです。これはあくまでも任意なので断ることも出来ますが、納税者が断った旨がその文書に記入されることになっています。

（9）税務署発行の相続税の申告のためのチェックシート

　税務署発行の最新の相続税申告のためのチェックシートを見て、相続税調査に対応ください。

《参考文献》

・「プロが教える 相続税調査の要諦 －調査官はここを見る！－」
　　東北　篤　㈱清文社　2019 年

・「税務署もうなずく 相続税の税務調査対応テクニック」
　　税理士法人チェスター　㈱中央経済社　2018 年

・「相続税専門税理士が教える 相続税の税務調査完全対応マニュアル」
　　岡野　雄志　㈱幻冬舎　2017 年

・「相続税の税務調査対策ハンドブック」
　　JP コンサルタンツ・グループ　日本法令　2018 年

・「財務省ホームページ」　財務省

・「国税庁ホームページ」　国税庁

第 **3** 章

事業主・会社経営者
必見!!

所得税の確定申告書を見てチェック！まだ出来る節税ポイント

1．所得税課税の仕組み

　所得税課税の仕組みを簡単に説明すると、次の通りになります。まず、事業や不動産の「収入」から掛かった「経費」を差し引いた金額が利益です。

　次に、利益から健康保険料や生命保険料等の「所得控除」を差し引いた金額が「課税所得」です。この課税所得の金額次第で所得税の税率は累進課税により決まります。

　例えば、課税所得が1,000万円の場合は、図表1に当てはめると、1,000万円に所得税率33％を掛けて1,536,000円を差し引いた金額1,764,000

図表1　所得税の速算表

課税される所得金額	税率	控除額
195万円以下	5%	―
330万円以下	10%	97,500円
695万円以下	20%	427,500円
900万円以下	23%	636,000円
1,800万円以下	33%	1,536,000円
4,000万円以下	40%	2,796,000円
4,000万円超	45%	4,796,000円

円が所得税です。

　また、この所得税の 2.1％ が復興特別所得税となりますので、1,764,000円に 2.1％ を掛けた金額である 37,044 円が課税されます。さらに、住民税が 10％課税されますので、課税所得 1,000 万円（厳密には所得税と住民税では所得控除の金額が少し違いますが、ここでは無視します）に10％ を掛けた金額 100 万円が住民税の概算額となります。

　したがって、所得税・住民税で合計 2,801,000 円（百円未満切捨）が課税されます。

　では、この 2,801,000 円が算定された元は何だったのでしょうか？

　先ほど所得税・住民税ともに「課税所得」に税率をかけました。「課税所得」次第で税額が変わるということがおわかりいただけると思います。つまり、節税をするためにはどうすれば良いか？その答えの一つは課税所得を引き下げることがポイントになります。

2．節税するために必要な要素

　課税所得を引き下げることが節税に繋がるとしたら、どうすれば良いのでしょうか？まずは、課税所得の中身を復習します。

　収入 － 経費 ＝ 利益

　利益 － 所得控除 ＝ 課税所得

上記を合わせると

　収入 － 経費 － 所得控除 ＝ 課税所得

となります。

　この計算式の課税所得を引き下げるためには、①収入を減らす ②経費を増やす ③所得控除を増やすことが必要な要素であることがわかります。

　収入↓ － 経費↑ － 所得控除↑ ＝ 課税所得↓

①収入を減らす方法は？

②経費を増やす方法は？

③所得控除を増やす方法は？

　上記①〜③の視点で、次からは、不動産所得の申告をしている所得太郎さんの確定申告書を見てチェックしていきます。

３．確定申告書第一表の見方

　図表２が所得太郎さんの所得税確定申告書第一表です。この第一表にはたくさんの情報が詰まっています。ご自身の確定申告書を見る際のポイントを理解していただくために、ここからは所得太郎さんの申告書を元に解説していきます。

（１）課税所得

　まず、図表２の右上㉖をご覧ください。「課税される所得金額」（＝課税所得）が 12,036,000 円となっています。図表１の所得税率表に当てはめると、12,036,000 円に所得税率 33％ を掛けて 1,536,000 円を差し引いた金額 2,435,880 円が所得税として㉗に記載されています。さらに復興特別所得税 2.1％ が㊶に 51,153 円と記載されています。したがって、所得太郎さんの所得税と住民税を合計した税率区分は、所得税 33％ ＋復興特別所得税 0.693％（33％ × 2.1％）＋住民税 10％ ＝ 43.693％ と非常に高い区分に属していることがわかります。

　不動産の利益（290 万円控除あり）に対しては、事業税が 5％ かかります（事業的規模の場合）。つまり、所得太郎さんの不動産所得に対する

図表2

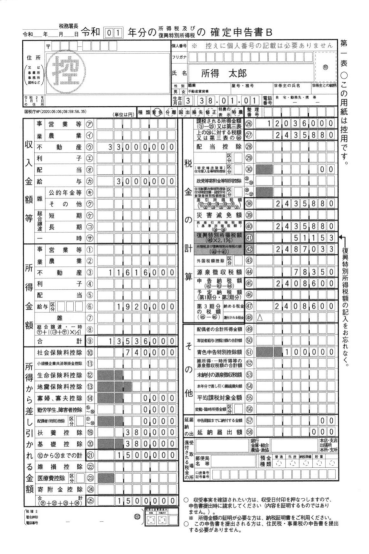

税率の区分は、所得税・住民税率 43.693% ＋事業税率 5％＝ 48.693% と 50% 近い税率の区分に属していることになります。仮に所得太郎さんが一生懸命頑張って空室を埋めた結果、不動産所得が今よりも 100 万円増えたとします。

この場合、所得税・住民税・事業税は 50 万円近く増えることになります。せっかく頑張って 100 万円の利益を増やしても、手許の現預金は 50 万円程度しか増えないことになります。では、逆に所得太郎さんが節税対策を行った結果、課税所得（不動産所得）を 100 万円引き下げることが出来ればどうなるでしょうか？先ほどとは逆の話になりますので、50 万円近く節税になる可能性があります。

課税所得が大きい人は、税率が高くなりますので、なおさら出来る節税対策をコツコツと確実に行う必要があるでしょう。

（2）収入

図表 2 の左上ア〜サをご覧ください。ここに収入金額が記載されます。所得太郎さんは、不動産収入 3,300 万円と給与収入 300 万円があることがわかります。

（3）所得（利益＝収入―経費）

図表 2 の左中央①〜⑨をご覧ください。不動産所得（利益）が 11,616,000 円と給与所得が 192 万円あることがわかります。不動産所得については、収入 3,300 万円から経費等を差し引いた残りが 11,616,000 円です。また、給与所得は給与収入 300 万円から給与所得控除（図表 3 の「2019 年以前」に当てはめて計算）を差し引いた残りが 192 万円と

いうことになります。

図表3　給与所得控除

給与収入金額	給与所得控除額 （2019年以前）	給与所得控除額 （2020年以降）
162.5万円以下	65万円	55万円
180万円以下	収入×40%	収入×40%－10万円
360万円以下	収入×30%＋18万円	収入×30%＋8万円
660万円以下	収入×20%＋54万円	収入×20%＋44万円
850万円以下	収入×10%＋120万円	収入×10%＋110万円
1,000万円以下		195万円
1,000万円超	220万円	

（4）所得控除

　図表2の左下⑩〜㉕をご覧ください。社会保険料控除（健康保険料や介護保険料等）が74万円、扶養控除が38万円（親族を扶養している）及び基礎控除が38万円（2020年から図表4の通り改正あり）あることがわかります。

図表4

	2019年以前	2020年以降
基礎控除	38万円	48万円 ※

※所得に応じて以下に減額

合計所得金額	基礎控除
2,400万円以下	48万円
2,450万円以下	32万円
2,500万円以下	16万円
2,500万円超	0円

（5）その他

図表２の右下㊿をご覧ください。専従者給与の支払いがある場合は、ここに支給額が記載されます。所得太郎さんは生計が同じ親族に対しての専従者給与の支給をしていないことがわかります。

図表２右下 (51) をご覧ください。

所得太郎さんは青色申告をしていて、10 万円の特別控除を受けていることがわかります。

このように、所得税確定申告書第一表を見るだけで様々な情報を得ることが出来ますので、ぜひ知っておいてください。

4．確定申告書第一表を見て発見出来る節税ポイント

（1）収入を減らす

①不動産収入を減らす

所得太郎さんの家族全体の収入を減らさずに所得太郎さんの収入だけを減らすことが必要です。そのためには所得太郎さんの収入を家族に分散することがポイントになります。

・法人を設立し、アパート（建物）を法人に売却する

建物を法人に売却することで、家賃収入を丸ごと法人に移すことが出来ます。建物を時価（鑑定評価額や未償却残高等）で法人に売却し、土地は法人へ賃貸し地代を収受するという形態です。法人に移った利益は、家族に役員として業務を行ってもらうことで役員報酬を支給し、利益を分散することが可能となります。この方法により、税率の高い人は所得税・住

民税・事業税を大きく減らせる可能性があります。ただし、注意点があります。短期的には相続税の増税に繋がる人（高齢・相続税率が高い・売却物件の築年数が浅い）もいますので、税理士に相談の上で実行を検討してください。

・家族にアパート（建物）を贈与する

築年数が古く、借入金の返済が終わった物件であれば、贈与税の負担を低く抑えながら建物を贈与し、家賃収入を丸ごと家族に移転させることが出来ます。所得太郎さんひとりに集中していた収入を分散させることで、税率を低く抑えられる効果があります。注意点としては、入居者から預かっている敷金について、建物贈与時に贈与する家族に、預り敷金相当額の現金贈与を行うなどしておかないと、負担付贈与として譲渡所得課税がなされる点があります（負担付贈与通達、1988年3月29日・相基通21の2-4）。

・法人を設立し、アパートを法人で一括借上する

法人でサブリースを行うことで、一定の利益を法人に移転させる方法です。法人が空室のリスクを負うことで、法人の事業としての実態がありますので、法人が利益を取り過ぎなければ、税務上も比較的安全な方法になります。注意点は、法人が一括で借り上げを行い、入居者には法人が賃貸する以上、入居者との賃貸借契約書の貸主は法人に変更する必要があります。

②給与収入を減らす

給与収入が、所得太郎さんご自身で経営されている法人からのものであれば、ご自身は第一線から退いて、給与収入を減額することで高税率で

の税負担を抑えることが出来ます。所得太郎さんの所得税・住民税の税率区分が 43.693% と高い区分にありますので、ご家族への給与支給に振り向けていただくか、むしろ法人で利益を出して法人税を支払う方が負担軽減に繋がる可能性があります。

（２）所得控除を増やす

①社会保険料控除を増やす
国民年金基金に加入して、所得控除を増やしながら将来の年金受給額を増やすことを検討しましょう。

②小規模企業等共済掛金控除を増やす
個人事業者や小規模企業の会社役員向けの退職金の積立制度への加入を検討しましょう。掛金は全額所得控除になり、さらに将来の退職受給時には退職金や年金として各種税制の恩恵を受けられます。

③生命保険料控除を増やす
残された家族の生活を守るため、また怪我や病気の際に保障を得るためにも生命保険の加入を検討しましょう。これから加入する場合は、一般の生命保険で最高 4 万円、個人年金保険で最高 4 万円、医療保険等で最高 4 万円の計 12 万円まで所得控除を受けられます。

④医療費控除を増やす
同一生計親族の医療費を全て所得太郎さんが負担することで、所得太郎さんの確定申告において全員分の所得控除が可能になります。家族それぞれが自分で医療費を負担している場合は、それぞれでの医療費控除とな

りますが、所得の高い人が負担して医療費控除を集約することで、節税効果が最も大きくなります。

　　⑤寄附金控除を増やす

　　節税というわけではありませんが、ふるさと納税を行えば様々な特産品をほぼ「タダで」入手出来る、という意味では大変お得な制度です。注意点としては、ご自身の課税所得に応じて寄附金控除をフル活用出来る限度額が変わりますので、ご自身の限度額の範囲内でふるさと納税を行うことが必要です。限度額の計算は税理士に問い合わせしていただければすぐに算定可能です。

５．決算書一面（図表５）を見て発見出来る節税ポイント

（１）収入を減らす

　　4(1)①に記載の通り、不動産収入を所得太郎さんから家族や法人に移転させることが節税のポイントになります。

（２）経費を増やす

　　経費を増やす、といっても無駄な支出を増やしたのでは意味がありません。増やしていい経費は、「将来の収入に繋がる経費」と、「以前から支払っているが経費に入れていない支出」の２つです。

令和 [0 1] 年分所得税青色申告決算書 (不動産所得用)

住所	フリガナ 氏 名	所得　太郎 ㊞	依頼税理士等	事務所所在地	
				氏名(名称)	
職 業 不動産賃貸業	電話番号			電話番号	

令和　年　月　日　　　　損　益　計　算　書 (自 1月 1日至 12月 31日)

	科　目		金　額(円)	科　目		金　額(円)
収入金額	賃　貸　料	①	3 2 0 0 0 0 0	管理手数料	⑬	3 0 0 0 0 0
	礼金・権利金更　　新　　料	②	1 0 0 0 0 0		⑭	
		③			⑮	
	計	④	3 3 0 0 0 0 0	その他の経費	⑰	1 0 0 0 0 0
必要経費	租　税　公　課	⑤	1 5 0 0 0 0	計	⑱	2 1 2 8 4 0 0
	損害保険料	⑥	6 0 0 0 0	差引金額 (④-⑱)	⑲	1 1 7 1 6 0 0
	修　繕　費	⑦	4 5 0 0 0 0	専従者給与	⑳	
	減価償却費	⑧	7 9 8 4 0 0	青色申告特別控除前の所得金額 (⑲-⑳)	㉑	1 1 7 1 6 0 0
	借入金利子	⑨	2 0 0 0 0 0	青色申告特別控除額	㉒	1 0 0 0 0 0
	地　代　家　賃	⑩		所得金額 (㉑-㉒)	㉓	1 0 7 1 6 0 0
	給　料　賃　金	⑪		土地等を取得するために要した負債の利子の額		
	水道光熱費	⑫	7 0 0 0 0			

－1－

①将来の収入に繋がる経費

　入居率の向上や賃料のアップに繋がる可能性のあるリフォームです。宅配ボックスやウォシュレットの設置、デザイン性の高い壁紙やフローリングへの張り替えなど費用対効果を考えながら必要と思われる経費を増やしていきましょう。

②以前から支払っているが経費に入れていない支出

　上記支出があれば、事業に必要なものは経費に入れていきましょう。所得太郎さんのケースでは、例えば次のようなものが考えられます。

・車、ガソリン代、車検代、自動車税、自動車保険料：物件の見回り、不動産会社や銀行等への移動に使用している場合。事業専用の車ではない場合は、事業での使用割合を乗じて経費に入れます。
・携帯電話代、自宅の電話代：業者との入退去時の連絡、リフォーム時の連絡など事業での使用割合を乗じて経費に入れます。
・パソコン、プリンター、タブレット端末など：業者との連絡、賃料明細の管理、収支計算、周辺賃料やリフォームの研究など事業に使用するために購入したもの。
・接待交際費：募集会社への手土産代、業者との打ち合わせ時の飲食代など、事業のために使用した経費。

（3）青色申告特別控除のフル活用

所得太郎さんは図表5青色申告決算書㉒に記載の通り10万円の特別控除を受けています。ところが、これは次の要件を満たせば65万円の控除を受けることが可能です。つまり55万円控除（経費）を増やすことが可能です。その要件は次の通りです。

①事業的規模であること（不動産所得は形式基準なら5棟10室以上の賃貸）
②帳簿を作成し、貸借対照表を添付すること
③期限内に電子申告を行うこと（又は仕訳帳と総勘定元帳を電子保存）

一見ハードルが高そうに見えますが、①の事業的規模要件さえクリアしていれば、②と③は税理士に依頼すれば容易にクリア可能です。

（4）税務調査の確率を減らす

①修繕費の金額が大きい場合

図表5⑦の修繕費が 450 万円と多額になっています。税務署が疑念を
もたないように説明をしておくことが望ましいです。そうしなければ、修
繕費として一発経費にしてはいけないものまで、誤って経費計上している
のではないか、あるいは意図的に経費計上しているのではないか、という
疑念を税務署がもつ可能性があります。余分な税務調査を呼んで、時間と
労力を無駄にしないためにも、修繕費が大きい場合やイレギュラーなこと
が発生した場合は、決算書の四面（図表6）右側の「本年中における特殊
事情・保証金等の運用状況」欄で説明しておくことが望ましいです。例え
ば修繕費が大きくなった原因が、A アパートの外壁塗装工事と屋上防水工
事を行ったことにあるのであれば、次の通り記載します。

「修繕費の中には A アパートの外壁塗装工事及び屋上防水工事 300 万
円が含まれております。いずれも原状回復工事であり、12 月末までに工
事が完了し引き渡しを受けています。」

このように、修繕費の中身に問題がないことをアピールしておくこと
で、余計な税務調査の回避に繋がる可能性があります。

図表6

<table>
<tr><td colspan="7">フリ　ガナ
氏　名 所得 太郎</td><td rowspan="2">控
用</td></tr>
<tr><td colspan="5" align="center">貸　借　対　照　表　　（資産負債調）</td><td>（　　年　月　　日現在）</td></tr>
<tr><td colspan="7">◎本年中における特殊事情・保証金
等の運用状況（借地権の設定に係る保証金
などの預り金がある場合には、その運用状況を
記載してください。）</td></tr>
</table>

	資　産　の　部			負　債　・　資　本　の　部			修繕費の中にはＡアパートの外壁塗装工事及び屋上防水工事300万円が含まれております。いずれも原状回復工事であり、12月末までに完了し引き渡しを受けています。
科　目	月　日(期首)	月　日(期末)	科　目	月　日(期首)	月　日(期末)		
現　　　金	円	円	借　入　金	円	円		
普　通　預　金			未　払　金				
定　期　預　金			保証金・敷金				
その他の預金							
受　取　手　形							
未 収 賃 貸 料							
未　収　金							
有　価　証　券							
前　払　金							
貸　付　金							
建　　　物							
建物附属設備							
構　築　物							
船　　　舶							
工 具 器 具 備 品							
土　　　地							
借　地　権							
公共施設負担金							
			事　業　主　借				
			元　入　金				
事　業　主　貸			青色申告特別控除前 の 所 得 金 額				
合　　　計			合　　　計				

（注）　「元入金」は、「期首の資産の総額」から「期首の負債の総額」を差し引いて計算します。

②その他経費の金額が大きい場合

　図表5⑰のその他の経費が100万円と多額になっています。この場合
も、税務署が疑念をもたないようにアピールしておくことが望ましいです。
そうしなければ、この中に本来は経費ではないものまで含めて経費計上し
ているのではないかという疑念を税務署がもつ可能性があります。この場
合は、⑭〜⑯の欄が空いていますので、その他の経費を科目別に分解して
記載することが望ましいです。

6. 決算書三面（図表7）を見て発見出来る節税ポイント

・経費を増やす

①正しい耐用年数で償却費を計算する

　図表7「減価償却費の計算」欄をご覧ください。Bマンションは重量鉄骨造なのに耐用年数が47年で償却されています。47年はRC造の耐用年数であり、重量鉄骨造なら正しくは34年です。正しく償却すればBマンションの年間の減価償却費は220万円ではなく300万円となります。このように建物の構造を正しく反映した耐用年数になっていない申告書をたまに見かけますので、ご注意ください。

図表7

フリガナ
氏名　所得　太郎

○減価償却費の計算

減価償却資産の名称等（繰延資産を含む）	面積又は数量	取得年月	⑦取得価額（償却保証額）	⑧償却の基礎になる金額	償却方法	耐用年数	⑨償却率又は改定償却率	⑩本年中の償却期間	本年分の普通償却費⑦×⑨	割増（特別）償却費	本年分の償却費合計⑪+⑫	貸付割合	本年分の必要経費算入額⑬×⑭	未償却残高（期末残高）	摘要
Aアパート（木造）		17・1	60,000,000(54,000,000)	54,000,000	旧定額	22	0.046	12/12	2,484,000		2,484,000	100.00	2,484,000	25,764,000	借入なし
Bマンション（重量鉄骨造）		25・1	100,000,000	100,000,000	定額法	47	0.022	12/12	2,200,000		2,200,000	100.00	2,200,000	84,600,000	
Cマンション（RC造）		28・1	150,000,000	150,000,000	定額法	47	0.022	12/12	3,300,000		3,300,000	100.00	3,300,000	136,800,000	
		・						12/							
		・						12/							
		・						12/							
		・						12/							
		・						12/							
		・						12/							
計									7,984,000		7,984,000		7,984,000	247,164,000	

（注）平成19年4月1日以後に取得した減価償却資産について定率法を採用する場合にのみ⑨欄のカッコ内に償却保証額を記入します。

○地代家賃の内訳

支払先の住所・氏名	賃借物件	本年中の賃借料・権利金等	左の賃借料のうち必要経費算入額
		権・更・賃	円
		権・更・賃	

○借入金利子の内訳（金融機関を除く）

支払先の住所・氏名	期末現在の借入金等の金額	本年中の借入金利子	左のうち必要経費算入額
	円	円	円

○税理士・弁護士等の報酬・料金の内訳

支払先の住所・氏名	本年中の報酬等の金額	左のうち必要経費算入額	所得税及び復興特別所得税の源泉徴収税額
	円	円	円

この用紙は控用です。申告には必ず提出用を使ってください。

②建物と建物附属設備を分けて償却する

Ａアパート、Ｂマンション及びＣマンションともに建物としての減価償却計算は行われているのですが、建物附属設備の計上がなされていません。本来なら電気設備、ガス設備、給排水設備など耐用年数が15年程度で償却出来る建物附属設備があるはずです。これら建物附属設備を建物として減価償却すると、47年や34年といった長い耐用年数で計算されることになり、当初15年程度は単年度あたりの経費計上額が少なく計算されてしまいます。正しく減価償却を行えば、年間の減価償却費があと200万円程度は増やせた可能性がありますので、この点もご注意ください。

7.　出来る対策を早めに確実に実行していきましょう

以上で述べたことは節税対策の一例です。節税は一朝一夕には出来ません。ウルトラＣの節税対策は、税制改正により年々選択肢が無くなっています。小さなことでも、出来ることをコツコツと積み上げていくことが、やがて大きな節税に繋がります。

所得税や住民税は毎年納税があります。その毎年の納税を少しでも減らすためには、出来ることから今すぐ実行に取りかかりましょう。

民法改正施行により、
契約書作成し直しの必要性

　不動産を取得・売却しようとする人にとって非常に切実な請負と不動産売買に関する民法改正を中心に、契約書見直しの必要性を説明させて頂きます。

　なお、各種契約書全般に関する民法改正への対応については、後掲文献①に明快に解説されております。

1．契約書作成の目的

　契約書を作成する目的は、特に高額取引等の場合に、契約の際に「言った」「言わない」の法的紛争（裁判にかかる時間労力費用）自体や、契約について話が違った場合の莫大な経済的損失を避けることにあります。

　そこで、契約書は、これらの目的に適合したものでなければなりません。

2．契約書の限界を思い知ること

　ところが、如何に精緻な契約書を作成したとしても、契約の相手方が契約に違反をすれば、法的紛争となります。

　また、精緻な契約書等により裁判に勝訴したとしても、契約の相手方

に資力（お金）がなければ、莫大な損失が発生します。

　そこで、契約書を作成する場合、特に建物建築や不動産売買等当事者の命運を左右する高額取引の場合には、契約書の内容や形式以前に、今から契約しようとしている相手方が、契約の相手方として客観的に相応しいのか、真剣に吟味する必要があるのです。

　民法改正により、建築請負や不動産売買等の場合に、契約の相手方を厳選する必要が一層高まったと言えます。

３．契約書作成の５つの鉄則

　高額取引の場合には、以下の鉄則を守ることが重要です。

（１）一番優れた相手方と契約すること

　契約書作成の第１の鉄則は、契約の相手方を間違えないことです。一生の一大事、会社の命運を左右する高額取引の場合には、調査検討を尽くし、自分が契約し得る一番優れたベストの相手方と契約するべきです。一生の一大事なのに、情や縁故に流され、敢えて２番手以下の相手方と契約するべきではありません。

（２）一番優れた品質・目的物を選択すること

　契約書作成の第２の鉄則は、契約の目的物を間違えないことです。特に建物を建てる時、不動産を買う時は、通常一生の一大事なのですから、調査検討を尽くし、自分が契約し得る一番優れたベストの品質の建物を建築し、ベストの土地・建物を買うべきです。

（3）民法改正による法的責任を回避・限定すること

　特に、土地や建物を売る場合には、まずは、民法改正による売主の厳格な責任を回避・軽減することに十分注意を払い、責任を回避・限定出来る範囲で、出来るだけ高く売るよう努力するべきです。

（4）契約書作成の際遠慮しないことが一層重要に

　世の中には、一生の一大事・会社の命運を左右する高額取引であるのに、「こんな条項を入れたら相手方が気分を害するのではないか」等と遠慮をする人が少なくないと言えます。

　しかし、当たり障りのない抽象的概括的な条項を置くのみでは、改正民法の請負契約や不動産売買契約において、必ずしも法的リスクや損害を避けることは出来ません。

　そこで、契約当事者の命運を左右する取引の場合、遠慮なく契約条項を具体化する必要があります。

（5）二種類の専門家に出来るだけ多く事前相談

　特に、建物建築を注文する時、不動産を買う時、不動産を売る時は、通常一生の一大事であるのに、目の前にいる営業マンないし仲介会社の社員や親族とのみ相談し、事前に（契約書に印鑑を押す前に）専門家と相談しない人が少なくありません。

　しかし、改正民法の下では、契約条項を具体的に定めない場合の法的リスクが高まりました。

　また、契約条項に具体的に何を盛り込むかについては、その取引に精

通した専門家（建築や不動産の専門家）の助言が欠かせません。

　そこで、将来の命運を左右するような契約の場合には、事前に、契約内容や契約書の表現等について、法的専門家、出来るだけ多くのその取引の専門家の意見を聞くことが非常に重要です。

　将来の莫大なリスクを犠牲に、目先の相談・調査のコストを惜しむべきではありません。

４．改正民法の中の任意規定と強行規定

　契約自由の原則（憲法１３条、憲法２２条、憲法２９条参照）の下、個人が誰と如何なる内容の契約を締結するかは、原則として、個人の自由に委ねられております。

　それ故、契約当事者が、民法の「公の秩序に関しない規定」（任意規定）と異なる意思を表示したときは、「その意思に従う（当事者の意思が優先する）」（民法９１条参照）ということになります。

　民法債権法の規定の多くは任意規定であり、任意規定については、民法改正（債権法改正）に拘わらず、契約当事者の合意により、改正民法と異なる契約条項を設けることが出来るのです。

　ただし、契約自由の原則の例外として、「公の秩序に関する規定」（強行規定）と異なる契約条項を設けることは出来ません（民法９１条反対解釈、憲法１３条後段「公共の福祉」）。

　また、「公の秩序又は善良の風俗に反する法律行為（契約条項等）」は無効になります（民法９０条、憲法１３条後段「公共の福祉」参照）。

　ただ、任意規定と強行規定の区別は、民法の明文上明らかでない場合もあり、注意が必要です。

5．何故、改正民法施行により契約書見直しが必要か？

　後述する通り、改正民法により、建築請負人や不動産売主の責任が瑕疵担保責任から契約内容不適合責任に変更される等、民法の規定が変化しました。

　それ故、この変化を好まない場合には、契約書を見直し、契約書に改正民法の規定と異なる規定を置く必要があるのです。

6．建築請負契約の契約の見直しチェックポイント

（I）改正民法の請負人の責任に関する規定

ア　契約内容不適合に請負人の帰責性がある場合

　改正民法の規定（５５９条、５６２条から５６３条等）によれば、注文者は、請負人に対し、骨子以下の要件を充たす場合に、以下の責任を追及することが出来ます。

①４１５条２項の要件（履行不能や明確な履行拒絶等）を具備する場合にはじめて４１６条１項の修補に代わる通常損害の損害賠償請求

②４１５条２項の要件に加え４１６条２項の要件（債務者が債務不履行時に特別事情を予見すべき場合）を具備する場合には修補に代わる特別損害（例えば、建築した建物の売却利益や建築した建物で行う予定だった営業利益を喪失したことによる拡大損害）の賠償請求

③相当期間を定めて修補等履行の追完を催告した上、催告期間満了時の契約不適合が軽微ではない場合に契約解除（５４１条）、

④５４２条の要件（履行不能や明確な履行拒絶等）を具備する場合に無催告解除

　⑤相当期間を定めて履行の追完の催告をし、期間内の追完がないとき
　　に契約不適合の程度に応じ請負代金減額請求
　⑥ただし契約不適合責任の期間制限に関する改正（５６６条）

イ　契約不適合に両当事者とも帰責性がない場合

　契約内容の不適合につき、請負人・注文者の双方に帰責事由がないと
きには、注文者は、請負人に対し、損害賠償請求をすることは出来ません
が、その場合であっても、追完(修補・代物等)請求、上記アの③以下の
要件を満たす場合には、解除、代金減額請求は出来ます。

ウ　契約不適合につき注文者に帰責性がある場合

　契約内容の不適合につき、注文者に帰責事由がある場合には、注文者は、
損害賠償、解除、追完請求、代金減額請求のいずれもすることは出来ません。

（２）<u>請負契約の見直しのチェックポイント</u>

　民法５５９条・５６２条から５６３条等上記規定は任意規定であり、
請負契約の当事者は、必要に応じ、上記(1)ア①から⑤及びイウの規定内
容を取捨選択・変更して契約をすることが出来ます。
　請負契約で特にチェックすべきは、以下の事項です。

ア　建築する建物の性能・仕様を徹底的に具体化・明確化

　真っ先に、請負事業者が作成した契約書（案）について、建物全体や個々
の建材・部品の耐火性・耐震性・耐久性・防音断熱等の性能・仕様が、契
約書に添付される見積書・仕様書等を含め、具体的且つ明確に記載されて
いるか、建物の性能について今後３０年・６０年間に想定される大震災に

耐えて高品質を維持する内容になっているか、チェックします。

　これは、請負契約締結の出発点であり、この点に看過出来ない難点が
ある場合には、厳しい言い方になりますが、契約書の記載を見直すという
よりも、発注する建築会社自体を見直すことを検討する必要があります。

イ　請負人の契約不適合責任に関し特にチェックすべきポイント

①注文者の立場で、「請負人に故意過失がなくとも注文者は損害賠償請
　求をなし得る」という条項に修正する必要はないか。

②注文者の立場で、旧民法の請負人の瑕疵担保責任のように「契約の
　履行不能と断定出来なくとも注文者は履行に代わる損害賠償をなし
　得る」という条項に修正する必要はないか。

③注文者の立場で、請負契約解除の「不履行が軽微である」という要
　件について、「建物の耐火性・耐震性等、注文者として容認出来ない
　不履行を具体的に列挙する」必要はないか。

④請負事業者の立場で、「民法４１６条２項の特別損害については、損
　害賠償義務を負わない」旨の条項を設ける必要はないか。

ウ　そもそも契約不適合に客観的心配が残る場合には…

　ただ、契約しようとしている請負人の実績や資力、建物や建材の仕様・
性能等に照らし、契約不適合等という法律上初歩的なレベルで客観的疑念
が残る場合には、やはり、その請負人に自分や会社の命運を委ねて良いか、
再検討する必要があります。

エ　重要なのは長期保証や長期のメンテナンスに関する条項

　請負人たる建築会社について、建築契約の不適合のレベルで法的トラ
ブルにまで発展する心配が皆無であることを大前提に、特に慎重に吟味・

比較検討するべきは、契約に適合して建物が完成した後の長期の点検・補修・品質保証に関する契約内容です。

　後述する不動産売買に関する民法改正との関係で重要なのは、請負人が次のようなサービスをする旨の特約条項です。

　なお、この点の実情に関しては、後掲文献②が詳細です。

①品質を維持するための定期点検に関する条項

　（完成後１０年か、３０年か、６０年か、有料か無料か）

②品質を維持するための定期補修に関する条項

　（補修を要するのは１５年毎か３０年毎か、費用は幾らか）

③品質保証がなされる期間と条件

　（費用や所定の定期点検・定期補修を受ける等の条件）

④注文者が建物を売った場合に上記①②③の条項が建物の買主に引き継がれる旨の条項

７．不動産売買契約の契約の見直し

（１）改正民法の不動産売主の責任に関する規定

　これは、改正民法の請負人の責任として上述したところとパラレルであり、請負人を売主、注文者を買主と読み替えて下さい。

（２）不動産売買契約の見直しのチェックポイント

ア　売買する建物の性能・仕様を徹底的に具体化・明確化

　①特に買主としては、建物売主が作成した売買契約書（案）について、建物全体や個々の建材・部品の耐火性・耐震性・耐久性・防音断熱等の性能・

仕様が、具体的且つ明確に記載されているか、建物が今後想定される大震災に耐えて高品質を維持する性能・仕様を有しているか、チェックします。

②そして、売買される土地についても、特に買主としては、地中埋設物や土壌汚染、地震の際の液状化の危険の有無、台風や高波・大雨の際の洪水の危険の有無程度等、売買契約書自体に、その土地の性質が具体的に記載されているか、チェックします（不動産事業者の重要事項説明書に記載されているのみでは足りません）。

イ　ところが……

世の中には、工務店が建物やビルを建てた後、長期にわたる定期点検や定期修補がなされず、売買する建物にどれだけの多数の欠陥があるか検討もつかない建物が少なくありません。

このような建物を売る場合に、改正民法のとおり、売主が建物の修補義務、４１６条２項の特別損害（前記の拡大損害）を含め損害賠償義務を負うとすれば、大変なことになります。

ウ　欠陥が多い建物の売買契約書の見直し

そこで、長期にわたる定期点検や定期修補がなされず、多数の欠陥がありそうな建物を売却する場合には、売主としては、売買契約書に以下の条項を設けることを検討します。

①専門家と相談の上契約不適合責任免除特約

民法第５７２条は、改正前と同様、「売主が、第５６２条第１項本文（契約不適合責任）に規定する場合における担保責任を負わない旨の特約」を付すことが出来ることを前提としております。

そこで、建物売買において、売主が建物の品質に責任を追いかねる場

合には、売買契約に契約不適合責任免除特約を付します。

　ただし、民法第５７２条は、契約不適合責任免除特約を付した場合であっても、「知りながら告げなかった事実については、その責任を免れることが出来ない。」旨規定しております。

　そして、知っていたか否かは客観的事情から推知・立証されますので、真実は知らなくとも、建物の状況等から裁判では知っていたと認定される訴訟リスクが残る場合があります。

　また、不動産売主自身は建物の欠陥を知らなくとも、売主の従業員や不動産管理会社が欠陥を知っている場合も考えられますし、欠陥について確定的認識がなくとも未必の認識がある場合にも、訴訟リスクが残ります。

　さらに、旧民法の瑕疵担保責任免除特約は内容が明確ですが、売主の契約不適合責任を無限定に免除する特約を設けてしまうと、売主が何らの義務を負わないかのような意味不明の条項になりかねません。

　そこで、建物売主が契約不適合責任免除特約を付す場合には、

　・建築の専門家に依頼して当該建物の欠陥の有無や程度に関する報告書を作成してもらった上、

　・法律の専門家に依頼し、当該具体的状況の下リスクが出来るだけ少ない契約不適合責任免除特約に関する条項を設けるのが無難です。

②建物を放棄して土地だけを売却する方法

　建物の外部の至るところに多数の欠陥（ひびや雨漏り等）の痕跡があり、それ故建物の内部にも多数の欠陥（鉄筋の錆やコンクリートの劣化）の存在が推知される場合（欠陥を知っていたと認定されるリスクがある場合）あるいは、建築の専門家も欠陥の特定・列挙のしようがない場合には、契約不適合責任免除特約では、大きな訴訟リスクが残ります（前記民法５７２条）。

このようなケースには、例えば事務所ビルが満室でも、ビルの解体費用は買主負担で敷地だけを売却する（建物は放棄する）ことを検討します（売主としては、土地を出来るだけ高く買ってもらうように交渉します）。

（3）契約不適合責任免除特約や建物放棄を避ける方法

せっかく大金を出して建物を建てたのに、建物を売る時になって、契約不適合責任免除特約を付したり、あるいは建物放棄をすれば、当然、建物の売買価格は安くなり、あるいはゼロになります。ビルが満室の場合には、悔やんでも悔やみきれない話です。

このような結果をぜひとも避けるためには、建物を建てる契約の段階で、前記のとおり建築契約不適合の心配が皆無の請負会社を選定し、長期の点検・補修・品質保証について安心出来る契約条項を設ける必要があるのです。

8．不動産に関連するその他の改正

改正民法による賃貸物件の家賃の保証人に対する情報提供義務や通知義務の新設により、収益物件のオーナー側は、家賃の保証人から債権を回収するためのハードルが高くなりました。

そこで、民法改正により、賃貸物件について、家賃保証会社を活用すること、あるいは、建築契約をする際に、建築契約とセットになっているサブリース契約の優劣や過去のサブリースの実績（特にサブリース契約の契約継続率や入居率に関する実績）を慎重に吟味検討する必要が高まったと言えます。

《参考文献》

・法務省の民法改正に関するホームページ

・文献①：堂島法律事務所編集「改正民法対応　各種契約書見直しの
ポイント」（新日本法規）

・文献②：民法改正と住宅問題研究会編「民法改正で変わる住宅トラ
ブルへの対応　契約書と保証書」（中央経済社）

一般社団法人の定款変更と議事録作成時の注意点

　定款は、役員が今日明日亡くなって一般社団法人の方針が途絶えたとき、役員同士のトラブルが発生したとき、役員の重任や退任後任手続きの際に、とても重要となります。理事会を設置する経営者側の目線で、運営上、気をつけるべきことを解説いたします。

　一般社団法人の定款には、一般社団法人の目的、名称、主たる事務所の所在地、公告の方法、社員の入社と退社、社員総会で決めること、役員に関する事項、理事会の開催方法、議長と理事と監事の選任方法、事業報告、残余財産の帰属に関する事項が書かれています。

　一般社団法人は、法令に従い、定款に基づいて議事録を作成し、役員の重任手続きを法務局に届出なければいけません。議事録の作成方法や、重任に関する手続き方法が非常に煩雑と感じた場合には、一度、定款の内容を見直してみるのも良いでしょう。

　例えば、定款に、理事会決議について、「**議事録を作成し、出席した理事及び監事がこれに署名又は記名押印し、**」と書かれている場合、役員が10名いるとすると、あらゆる決め事のたびに、1枚の議事録に10名全員が記名押印しなければいけなくなります。

　このような場合には、定款を変更して、「**議事録を作成し、当該理事会に出席した代表理事及び監事が之に記名押印し議事録の正確性を担保す**

る」と変更すれば、２名の記名押印で済みます。

　定款変更は、社員総会の特別決議が必要なため、議決権の３分の２以上を経営者が行使しうる状態にしておき、適法に手続きをしましょう。

　議事録作成時に、変更したい内容を議事にかけ、役員より承認を得られれば、変更が出来ます。

記載例

```
第３号議案　　　　定款変更の件　（定款を変更したい場合）
　議長は別紙のとおり、当社の定款を変更したい旨を述べ、その理由を詳細に説
明した。　議長は、その賛否を議場に諮ったところ、全員異議なくこれに賛成し
たので、原案のとおり承認可決した。
　議長は、以上をもって本日の議事を終了した旨を述べ、〇時〇分に閉会した。
　以上の決議を明確にするため、この議事録を作成し、代表理事がこれに記名押
印する。
　〇年〇月〇日
　一般社団法人　〇〇〇〇〇〇　　　　　　　　定時社員総会

　　　　印　　　　議長　代表理事〇〇〇〇　　　　印
```

　上記の議事録に、変更した定款を添付いたします。

　さらに、一般社団法人は、解散・精算の際の残余財産の帰属先を定款に明示しておかないと、社員総会決議によって残余財産の帰属先が定まらない場合、国庫に帰属することがあります。

　定款には、解散時の残余財産の帰属を誰にするか、明示しておいた方が良いでしょう。

記載例

（残余財産の帰属）

当法人が清算をする場合において有する残余財産は、社員総会の決議を経て、設立時社員に帰属する。

当法人の設立時社員の氏名および住所は次の通りである。

住所

氏名

　上記のように記載しておきます。設立時社員がすでに亡くなっている場合には、社員総会で残余財産を誰に帰属させるのかについても、取り決めをしておくと良いでしょう。法律上、定時社員総会は「毎事業年度の終了後一定の時期に招集しなければならない」とされており、臨時社員総会は「必要ある場合には、いつでも、招集することが出来る」とされています。

　役員重任手続きや、後任者の選任手続きの場合、「定時社員総会議事録」を作成いたします。役員を重任するか、辞めて後任者を決めるか、この議事録に明記をして法務局で登記手続きをします。

　よって、議事録の内容は、とても重要なものとなります。法務局への手続きを忘れていると、期限後に、さかのぼって手続きをした場合、科料（制裁金）をとられることもありますので、ご注意ください。

　定時社員総会議事録は、自分で作成しても良いですし、司法書士に依頼をしても良いでしょう。

記載例

第　回　定時社員総会議事録

　○年○月○日　午前・午後　時　分から、当法人の主たる事務所において定時社員総会を開催した。

　　議決権のある社員総数　　○名
　　総社員の議決権の数　　　○個
　　出席社員数　　　　　　　○名
　　この議決権の総数　　　　○個
　　出席理事　○○○○
　　出席監事　□□□□

以上の通り社員の出席があったので、定款の規定により理事○○○は議長席につき本定時総会は適法に成立したので開会する旨を宣言し直ちに議事に入った。

第1号議案　○○年度事業報告及び決算の承認に関する件

　議長は当期における事業状況を事業報告及び附属明細書により詳細に説明報告し下記の書類を提出して承認を求めたところ満場異議なくこれを承認可決した。

　　1　貸借対照表
　　2　損益計算書
　　3　貸借対照表及び損益計算書の附属明細書

第2号議案　理事の任期満了に伴う改選に関する件（辞任と後任の選定と重任）

　議長は、理事全員及び監事が本定時総会の終結と同時に任期満了し、退任することになるので、その改選の必要があるとともに、○年○月○日付けで辞任の申し出があった理事の後任者の選任が必要となる旨を述べ、下記の者を指名し、この者につき、その可否を諮ったところ、満場異議なくこれに賛成したので、下記の通り可決確定した。

　　理事　○○○○　△△△△
　　監事　□□□□

　なお、被選任者は、席上その就任を承諾した。よって、○○○○は理事に重任、△△△△は理事に就任、□□□□は監事に重任した。

任期満了以外の時期に役員変更をする場合には、「臨時社員総会議事録」を作成します。

たとえば、代表理事が任期途中で退任し、後任の者を選任する場合には、次のように記載して、議事録を作成します。

記載例

> 議長は、代表理事〇〇〇〇が代表理事を任期途中で退任し、理事だけとなり、新しく代表理事が就任する改選について、総会に諮ったところ、満場一致で次のものを新代表理事に選出した。
>
> 住所　　（新代表理事の住所）
> 氏名　　（新代表理事の名前）

一般社団法人は、人の集まりですので、何か不都合があれば、社員総会や理事会を開いて解決出来るように、定款で定めておくことが大事です。

司法書士に任せっきりにするのではなく、今一度、定款を読み直し、どのような意味で作成されているのか、理解をしておきましょう。

困ったときに役立つのが、定款と議事録作成です。

これを機に、ご自身が関係する一般社団法人の登記事項証明書、定款、今までの議事録を見直してみてください。

これから新たに一般社団法人の設立を検討している人は、一般社団法人に詳しい司法書士にご依頼をしてください。

設立時に、「定款」を作成してもらい、法務局に登記手続きをしてもらいますが、最初に作成する定款と登記内容が非常に重要となります。

法人の名称、事業の目的等、主たる事務所、法人の公告方法、役員に

関する事項、代表理事、理事、監事、これらを設立時に決めます。

　設立後に、目的や主たる事務所に変更があったときには、1文字の変更であっても、1件あたり登録免許税が3万円必要となります。

　事業の目的等は、事業を継続していく途中で、少し変わることもあります。よく考えてから、決めた方が良いでしょう。

　主たる事務所の住所は、郵送物が届くかどうか、が重要となります。

　事務所を借りている場合、ビル名のみが変わることもあります。同じビルの中で階を移動することもあります。

　最初の登記時に、ビル名と所属の階まで登記をしてしまいますと、ビル名の変更や、同じビル内の階の移動であっても、変更の届け出に登録免許税が3万円必要となります。司法書士に支払う費用も、別途かかります。

　設立の際の登記時に、不慣れな司法書士に依頼をしてしまいますと、定款変更も含め、その後の手続きに、高額な費用を要することがありますので、気を付けましょう。

　司法書士の報酬は、法定で決められておりますので、ほとんど差がありません。

　費用に差がないのであれば、一般社団法人に詳しい司法書士に依頼をした方が得策でしょう。

《参考文献》

法律・税金・経営を学ぶ会主催勉強会　DVD「戦略的な定款変更と議事録作成時の注意点」　2019年10月11日撮影　講師：岩白啓佑氏、嶌田樹人氏

法人税の税務調査の対応策

　申告納税制度の下、この制度を維持するために税務調査は欠かせない
ものとなっています。税務調査は申告制度を支える極めて重要な公権力行
使と言えます。

１．調査はどこを調べるのか税目別に検討します

　まずは主なP/L勘定から始めます。

（１）売上について

　・売上計上漏れは？
　・売上除外は？
　・役員個人の通帳に会社の売上が入金されている？
　例えば、棚卸資産の販売による売上計上基準は引渡しとなっています
が、その中で出荷基準を採用しているとして、期末までに出荷されている
にもかかわらず、今期売上計上をせず、来期に計上してしまっている場合
や、小口現金売上を故意かどうか帳簿に計上せず、経費だけ計上している
場合等があります。

　また、通常、調査時に社長個人の通帳を調べられます。頻繁に社長借入があり、会社の売上を個人通帳に入金すると、会社は資金不足になるので、社長借入で資金繰りをする場合、個人通帳を通して売上除外をしていると見られる場合があります。

（2）仕入について

　・架空仕入計上の有無は？

　物の流れ、サービスの流れを裏付ける資料の流れがあり、そこが対応していない場合があります。特に親子会社間でいわゆる利益調整のために仕入金額を操作する場合があります。期末時の原価a/cの動きを見られます。特に発注簿、納品書、請求書、商品有高帳、入庫リスト、仕入運賃請求書、仕入先元帳等を完備するようにしましょう。

（3）棚卸資産について

　・棚卸漏れは？

　・期末在庫の数量、評価誤りは？

　この棚卸資産は、いわゆる利益調整の最もしやすい科目となっており、当局も重大な関心を示しています。すなわち、在庫が多ければ原価が減り利益が出ますが、逆に少なければ原価が増え利益が減るとの現象が生じます。当局は在庫を減らす方法として、「他社への預け在庫を除く」「廃棄していないものを廃棄したことにする」「在庫調べをしないで原価が多く出るような数値を作り出している」を意図的にしていると見られます。

　実在庫調べ（数量、単価計算、所在場所）は厳密に行うべきです。特に廃棄した場合は、何をどこに廃棄したのか詳細な資料の作成が望まれま

す。

（4）役員給与について

・株主総会、取締役会議事録にて個々の役員給与金額が記載されている
　か？
・特に親族に対する役員給与について、本人は支払われていることを
　知っているか？
・親族への役員給与で経営に参画しているか？
・役員給与額は妥当か？
・使用人兼務役員の範囲は正しいか？
・役員個人の経費を付け込んでいないか？

　個人と会社は別であり、給与についての税法のルールがあるので、こ
のルールが守られているかどうかを見ます。特に親族に対する給与は役員
としての自覚もなく、ましてや給与を受けていることすら知らない場合が
あります。

　また、使用人兼務役員の範囲を確認せずに多額の賞与を払っている場
合があります。

（5）役員退職金について

・功績倍率法を吟味しているか？
　※功績倍率法＝最終月額報酬×役員有職年数×功績倍率
・株主総会で決議したか？
・分掌変更後の職務内容、支給金額が劇的に変わっているか？
・金融機関の連帯保証は外れているか？（実質的経営者と見られる可能

性大）

・役員退職金慰労金規定はあるか？

　退職したにもかかわらず、実質的経営者として職務を遂行していると、実際は退職していないのではないかと見られ、役員退職金の損金性は否認されるので、上記列挙した事柄を必ず検討してください。

（6）人件費について

・架空人件費はないか？

・現物給与はないか？

・源泉税の徴収の仕方は？

　当局は架空人件費発見のためにはあらゆる努力を惜しみません。タイムカード、出勤簿、社会保険・労働保険加入の有無、住民税の有無はもちろんのこと、通勤費の有無、労働者名簿の有無、扶養控除等申告書の有無等現存する資料は調べ尽くします。現物給与の点に関しても、近隣科目（福利厚生費、旅費交通費）から見つけ出します。源泉税徴収に関しても、扶養控除等申告書が提出されていないと、月額表の乙欄適用となり、1桁違う源泉税を預からなければならなくなります。

（7）外注費について

・本当に外注費か？

　役務提供の場合、実際給与なのか外注費なのか判然としがたい場合があります。正真正銘外注費であれば、給与と違って課税仕入となり、消費税の納税がその分減少し、源泉税なども外注費の場合、場合によっては徴収しなくても良い場合があります。外注費としての要件を具備することが

大事です。請負契約書を作成し、特に責任の所在を明確にし、損害賠償の責任が課されているとか、実質監督者がおり、業務の指示をしていたりする人はいない等、事実の積み上げが必要です。当局としては実質給与となれば消費税は増加し、源泉税も取れるとのことで、極めて高い関心を示す科目です。

（8）交際費について

- 交際費であるにもかかわらず、他科目（福利厚生費、会議費、旅費交通費）に混入させていないか？
- 1人1回5,000円以内の条件クリアのために人数の水増しをしていないか？
- 個人経費の付け込みをしていないか？

正直現場では交際費と他の近隣科目（福利厚生費、会議費、旅費交通費）との線引きの難しさは存在しています。特に、社内交際費は金額の多寡はなく、1人1回5,000円以内基準も適用されないので、注意したいところです。

利用者の水増しは脱税で重加算税の対象なのでくれぐれも注意してください。

接待に関わるタクシー代は交際費に入ります。

また、固定資産、棚卸資産等取得時の付帯費用に交際費があるとすれば、その分も含めて交際費の限度計算をします。

（9）修繕費について

・修繕費の中に資本的支出部分はないか？

図表5は修繕費の資本的支出と収益的支出とを区分する時によく見る表です。修繕費のこの部分の区分が難しいが故に、この表があります。原状回復費用なのかどうかの見極めが大事だと考えます。そのためには、契約書、見積書、請求書、修繕状況の写真等残るものを用意しておき、十分に説明出来るようにしておいてください。

図表5

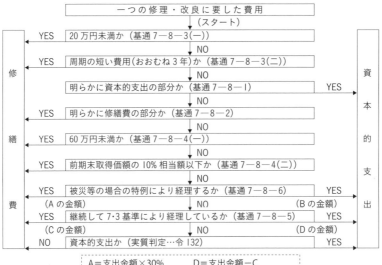

「令和元年度版 税務経理ハンドブック」 日本税理士連合会　㈱中央経済社　2019年7月1日

（10）租税公課について

　・損金になるものとならないものがあるが区分しているか？
　税法では損金になるものとならないものがあります。損金にならない
代表的なものとして、法人税、法人都道府県民税、法人市町村民税、各種
罰金の類いがあります。損金に認められる代表的なものとして、法人事業
税があります。ここでひとつ大事なことを伝えるとすれば、不動産売却時
の固定資産税相当分の精算金があります。取得側においては、この精算金
は固定資産税そのものではないため、取得価額を構成します。
　次は主なB/S勘定です。

（11）固定資産について

　・取得価額は正しいか？
　資産購入時の付帯費用は取得価額を構成します。具体的には引取運賃、
運送保険料、購入手数料、荷役費、関税プラス事業の用に供するに直接必
要な費用も含まれます。ただし、不動産取得税、登録免許税、その他登録
に必要な費用は取得価額に算入しなくてもよい、となっています。この件
は調査時に必ずチェックを受けます。また、取得日と事業の用に供する日
があり、減価償却開始日は事業の用に供する日からとなっていますので、
要注意です。

（12）繰延資産について

　・繰延資産として把握しているか？
　会計上の繰延資産は会社法、または企業会計原則で決められているの

で、比較的わかりやすいですが、別途、税務上で独自に繰延資産とするものがあります。すなわち、支出の効果が1年以上に及ぶ費用は資産計上しなければなりません。具体的には以下があります。

①資産の賃借の際に支出する権利金、立退料

②法人が利益を享受する公共的施設、共同的施設の設置または改良費用

③役務提供を受けるための権利金、その他の費用

（13）ソフトウェアについて

・ソフトウェアとして資産計上しているか？

ソフトウェアは1999年度まで繰延資産でしたが2000年度より無形減価償却資産となりました。内作にて自己使用のソフトウェアを作成する場合、資産との意識なく費用処理しているケースが実に多いです。また、購入時でもインストール代やバージョンアップ代を取得価額に算入していないケースが多いです。

２．国税庁作成の科目別チェック表（大規模法人用）

図表２

大規模法人における税務上の要注意項目確認表

確認対象事業年度			担当者	役職：
確認実施日				役職：

　この確認表は、税務・決算処理について、誤りが生じやすいと認められる事項について取りまとめたもので、皆様が申告書を作成される前の自主的な確認に御活用いただくことを目的として作成しております。
　確認表を御活用いただいた場合、会社事業概況書の⑱　申告書確認表等の活用状況」欄へその旨を記載いただくようお願いします。
　確認表は、税務調査等の機会に活用状況を確認させていただくことを予定しております。

税務に関する社内の体制・手続の整備状況		
・　税務上の処理に疑義が生じる取引については、事業部門から経理担当部署へ連絡・相談される体制が整備されていますか。	□適	□否
・　経理担当部署に税務知識を有する方がいらっしゃいますか。	□適	□否
・　処理誤りが生じないようマニュアル等を整備し、税務上の処理に疑義が生じる取引の把握や税務処理手続の明確化を行っていますか。	□適	□否

項　目	No.	確　認　内　容	確認結果			確認結果が「否」の場合の対応（ 申 告 調 整 の 有 無 等 ）
売上げ	1	売上げの計上基準に照らし、当事業年度に計上すべきであるにもかかわらず、翌事業年度に計上されている売上げはありませんか。	□適	□否	□非該当	
	2	売上げの計上基準を変更した場合、その理由は合理的かつ適切ですか。	□適	□否	□非該当	
	3	当事業年度に計上すべき売上げについて当事業年度終了の日までに金額が確定していないときは、合理的に見積もった金額を計上していますか。	□適	□否	□非該当	
売上原価	4	翌事業年度以降の売上げに対応する売上原価等を当事業年度に計上していませんか。	□適	□否	□非該当	
	5	売上原価等が当事業年度終了の日までに確定していないときは、適正に見積もった金額を計上していますか。また、単なる事後的費用を見積計上していませんか。	□適	□否	□非該当	
売上割戻し	6	棚卸資産を販売した際の売上割戻しについて、その算定基準が販売価額又は販売数量によっていない、または、算定基準を割戻しの相手方に明示していないにもかかわらず、棚卸資産を販売した事業年度の損金としていませんか。	□適	□否	□非該当	
仕入割戻し	7	棚卸資産を購入した際の仕入割戻しについて、その算定基準が購入価額又は購入数量によっており、かつ、算定基準が明示されているにもかかわらず、仕入割戻しの金額の通知を受けた事業年度の益金としていませんか。	□適	□否	□非該当	
役員給与	8	役員給与は、定款の定めや株主総会等の決議に基づき、適正に計算され支給されていますか。	□適	□否	□非該当	
	9	役員の個人的費用を負担するなど、役員に対して給与を支給したものと同様の経済的な利益の提供はありませんか。	□適	□否	□非該当	
給与・賞与	10	損金経理したにもかかわらず事業年度末に未払となっている決算賞与等の臨時の賞与について、その支給額を期末時点で支給する全ての使用人に対して個別に通知するとともに、事業年度終了の日の翌日から1月以内に、通知した全ての使用人に対して通知どおりの金額を支払っていますか。	□適	□否	□非該当	
減価償却費	11	稼働を休止している製造設備などの事業の用に供していない資産に係る減価償却費を損金の額に算入していませんか。（法基通７－１－３又は連基通６－１－３に規定する「稼働休止資産」の取扱いの適用を受ける場合を除きます。）	□適	□否	□非該当	
	12	法令第133条の2に規定する一括償却資産の損金算入を適用している場合において、一括償却資産を除却した際に、未償却額の全額を損金としていませんか。	□適	□否	□非該当	
交際費等	13	福利厚生費等の中に、役員や従業員の接待等のための支出が含まれていませんか。	□適	□否	□非該当	
	14	売上割戻し等の中に、得意先に物品を交付するための費用や得意先を旅行等に招待するための費用が含まれていませんか。	□適	□否	□非該当	
	15	雑費等の中に、新規店舗等の建設に当たり、周辺の住民の同意を得るための支出が含まれていませんか。	□適	□否	□非該当	

大規模法人における税務上の要注意項目確認表

項　目	No.	確　認　内　容	確認結果			確認結果が「否」の場合の対応 （申告調整の有無等）
	16	専ら役員や従業員の接待等のために支出した飲食費について、1人当たり5,000円以下であるとして交際費等から除いていませんか。	□適	□否	□非該当	
	17	棚卸資産又は固定資産の取得価額に交際費等が含まれていませんか。	□適	□否	□非該当	
寄附金	18	前事業年度以前に仮払金とした寄附金を当事業年度の損金としていませんか。 また、事業年度末において未払となっている寄附金を当事業年度の損金としていませんか。	□適	□否	□非該当	
	19	寄附金の中に役員等が個人として負担すべきものが含まれていませんか。	□適	□否	□非該当	
	20	子会社や取引先に対して合理的な理由がないにもかかわらず、無償もしくは通常より低い利率での金銭の貸付け又は債権放棄等を行っていませんか。	□適	□否	□非該当	
使途秘匿金	21	相手方を明らかにできない金銭の支出や金銭以外の資産の贈与はありませんか。	□適	□否	□非該当	
費用全般	22	事業年度末までに債務が確定していない費用（償却費は含みません。）を損金としていませんか。	□適	□否	□非該当	
移転価格	23	国外関連者に対する役務提供の対価の額、又は国外関連者から受けた役務提供の対価の額は、独立企業間価格となっていますか。	□適	□否	□非該当	
	24	国外関連者に対する貸付けの利息の額、又は国外関連者からの借入れの利息の額は、独立企業間価格となっていますか。	□適	□否	□非該当	
	25	「独立企業間価格を算定するために必要と認められる書類（ローカルファイル）」を申告期限までに作成し、又は取得し、保存していますか。	□適	□否	□非該当	
棚卸資産	26	事業年度終了の時において、預け在庫、未着品を棚卸しの対象としていますか。	□適	□否	□非該当	
	27	未使用の消耗品の取得に要した費用を当事業年度の損金としていませんか。	□適	□否	□非該当	
	28	引取運賃、荷役費、運送保険料、購入手数料、関税など購入のために直接要した費用は棚卸資産の取得価額に含めていますか。	□適	□否	□非該当	
	29	流行遅れや機種がモデルチェンジしたことだけを理由に棚卸資産の評価損を計上していませんか。	□適	□否	□非該当	
繰延資産	30	資産を賃借する際の権利金のように、支出の効果が1年以上に及ぶ費用について、その全額を一時の損金としていませんか。	□適	□否	□非該当	
固定資産	31	固定資産を事業の用に供するために要した費用を一時の損金としていませんか。	□適	□否	□非該当	
	32	建物付土地の取得後おおむね一年以内にその建物の取壊しに着手しているにもかかわらず、取壊時の建物の帳簿価額及び取壊費用を一時の損金としていませんか。	□適	□否	□非該当	
	33	建物の建設に伴って支出が予定されている住民対策費、公害補償費等の費用の額をその建物の取得価額に含めていますか。 （毎年支出することになる補償金は除きます。）	□適	□否	□非該当	
	34	資本的支出を一時の損金としていませんか。	□適	□否	□非該当	
	35	自社開発のソフトウエアを製作するために要した費用を一時の損金としていませんか。	□適	□否	□非該当	
	36	ソフトウエアのバージョンアップのために要した費用を一時の損金としていませんか。	□適	□否	□非該当	
前払費用	37	前払費用に該当する支出を損金としていませんか。 （法基通2－2－14には連基通2－2－14に規定する「短期の前払費用」の取扱いの適用を受ける場合を除きます。）	□適	□否	□非該当	
貸付金	38	役員、従業員や関連会社に対して金銭を無償又は通常より低い利率で貸し付けていませんか。	□適	□否	□非該当	

大規模法人における税務上の要注意項目確認表

項 目	No.	確 認 内 容	確認結果			確認結果が「否」の場合の対応 （申告調整の有無等）
有価証券	39	有価証券を取得するために要した費用を一時の損金としていませんか。	□適	□否	□非該当	
前受金・仮受金・預り金・保証金	40	売上げ、雑収入等に計上すべきものはありませんか。	□適	□否	□非該当	
消費税等　売上げ	41	課税期間末までに資産の譲渡等の対価の額が確定していない場合に、その対価の額を適正に見積もり、課税標準に含めていますか。	□適	□否	□非該当	
	42	外注先に対して有償支給した原材料等の対価を課税対象外としていませんか。 （支給する材料等を自己の資産として管理している場合を除きます。）	□適	□否	□非該当	
売上原価	43	課税仕入れとした外注費等の中に給与に該当するものは含まれていませんか。	□適	□否	□非該当	
	44	未成工事支出金又は建設仮勘定に計上した支払について、資産の引渡しを受けていない又は役務の提供が完了していないにもかかわらず支払時の課税仕入れとしていませんか。	□適	□否	□非該当	
	45	三国間貿易（国外で購入した資産を国内に搬入することなく他へ譲渡する取引）に係る仕入れを課税仕入れとしていませんか。	□適	□否	□非該当	
費用全般	46	出向社員等の給与負担金を課税仕入れとしていませんか。 （経営指導料等の名義で支出している場合も含みます。）	□適	□否	□非該当	
	47	贈答した商品券、ギフト券、旅行券等を課税仕入れとしていませんか。	□適	□否	□非該当	
	48	クレジット手数料を課税仕入れとしていませんか。	□適	□否	□非該当	
	49	同業者団体等の通常会費や一般会費を課税仕入れとしていませんか。	□適	□否	□非該当	
	50	予約の取消し、契約変更等に伴って支払ったキャンセル料や解約損害金を課税仕入れとしていませんか。	□適	□否	□非該当	
	51	単身赴任者が帰省するための旅費など給与と認められる旅費を課税仕入れとしていませんか。	□適	□否	□非該当	
	52	海外出張に係る旅費、宿泊費、日当等を課税仕入れとしていませんか。	□適	□否	□非該当	
	53	前払費用を支払時の課税仕入れとしていませんか。 （法基通2−2−14又は連基通2−2−14に規定する「短期の前払費用」の取扱いの適用を受けている場合を除きます。）	□適	□否	□非該当	
	54	クレジットカードで決済した経費等について、クレジットカード会社からの請求明細書のみを保存していませんか。	□適	□否	□非該当	
営業外収益	55	ゴルフ会員権を譲渡した場合に、その対価を非課税売上げとしていませんか。	□適	□否	□非該当	
	56	車両等の買換えを行った場合に、販売額から下取額を控除した金額を課税仕入れ（又は課税売上げ）としていませんか。	□適	□否	□非該当	

(注) 表中の法令・通達の略語等は、解説編の末尾に記載しています。

「大規模法人における税務上の要注意項目確認表（本体編）」　国税庁　2018 年 2 月

214

《参考文献》

・「調査官はここを見る！　税務調査のチェックポイント」　岸田　光正　㈱清文社

・「社長！税務調査の事前対策してますか―加算税リスクのない法人税実務―」清原　裕平　㈱清文社　2019 年

・「オーナー社長のための税務調査完全対応マニュアル」
税務調査を支援する税理士の会　㈱あさ出版　2018 年

・「〈第 2 版〉否認事例・誤りやすい事例による 税務調査の重点項目」
岸田　光正　税務研究会出版局　2010 年

・「令和元年度版 税務経理ハンドブック」　日本税理士会連合会　㈱中央経済社　2019 年

・「令和元年版 図解 法人税」　青木　幸弘　（一財）大蔵財務協会
2019 年

・「国税庁ホームページ」　国税庁

経営者が加入すべき生命保険と上手な活用方法

生命保険の加入による効果は、２つあります。

１．保障機能（リスクファイナンス機能）

経営者が加入する生命保険で、保障効果を狙った代表的な対策は以下の通りです。

- ①個人保証対策
- ②重大疾病罹患対策
- ③疾病・介護対策
- ④相続事業承継対策
- ⑤退職金準備対策

２．貯蓄機能

生命保険のもう一つの効果として貯蓄機能があります。

代表的なのは養老保険ですが、これは一定の期間同じ保険料を積み立てた場合に満期を迎えると、支払保険料総額に運用された効果がプラスされて、満期保険金として受け取ることが出来るというものです。

　この保険は、生命保険が日本に登場されてから大変人気のあるものでしたが、昨今のマイナス金利の影響で運用効果がなくなり、通常は元本割れする状態です。

　このように生命保険の貯蓄効果は限定的になりました。

３．生命保険の選択基準が変わった！

①目的

　生命保険の主たる機能は保障です。ですから、将来どのような事態が起こったら不足する資金はどのくらいかを勘案して加入する必要があります。言い換えますと、目的のない生命保険は無駄な買い物になるかもしれません。

②内訳

　目的に合った生命保険に加入していても、必要な資金を確保出来ない場合や、著しく過大だったりするケースがあるので注意が必要です。

③支払額

　資金的観点から保険料の支払いが継続出来ない場合には、本当に必要な資金が確保出来なくなる恐れがあります。

　特に、貯蓄性を重視するあまり、企業の資金繰りを圧迫するような支払可能額を超えて高額な保険料を支払っているケースをよく見受けます。

４．保険解約等で受けるメリット

　生命保険の解約効果は次の３つが考えられます。

①手元流動性を増加させる（資金繰り改善）効果

企業が加入している生命保険の多くについて見ると、企業は解約返戻金があるものを好む傾向にあります。それを解約すると、その解約返戻金が企業の口座に振り込まれるので、現預金が増加し、資金繰りが良くなります。

②**キャッシュアウトを減少させる（キャッシュアウト削減）効果**

生命保険を解約すると、その結果、今後の保険料の支払いをカットすることが出来ます。節税保険系の支払保険料は過大の場合が多く、資金繰り改善には大変役立ちます。

③**利益を生み出す効果**

生命保険を解約すると、その商品によって異なりますが、解約益を生み出すことが出来ます。

5．解約によるデメリット

生命保険の解約については、次のようなデメリットもありますので注意が必要です。

節税系や貯蓄性の保険でも、本来の生命保険に求める保障機能が消滅します。

6．今後の経営者が加入すべき生命保険の加入手順

これまでは主流であった利益調整型の生命保険加入は、税制変更により期待していた効果が見込めなくなりました。そこで、新たな加入方法が模索されています。では、どうすれば良いでしょうか？

①まずは企業にとって最悪の事態に遭遇したときに不足する資金を算定し、その額を手元資金で賄うか、生命保険で賄うかを決定すること

から始めます。

②その企業の財務内容・資金繰りを勘案して、必要な保障を得られる保険商品を選定することになります。これは、万が一の時に企業が生き残っていくための企業継続戦略（最近ではＢＣＰ：事業継続計画とも言います）でもあります。

このときに、保障機能にプラスして貯蓄性を求めるかは各企業の資金繰りから決定するのが良いでしょう。

7．企業の財務状況により、取るべき生命保険の加入戦略

契約している生命保険で資金調達と資金流出削減が出来る具体的な方法をご紹介します。

資金調達する方法
ⅰ解約
ⅱ減額
ⅲ契約者貸付
ⅳ変換
ⅴ期間短縮

資金流出を削減する方法
ⅰ減額
ⅱ自動振替貸付（APL とも言います）
ⅲ払済
ⅳ期間短縮
ⅴ払込期間の延長

ⅵ延長定期への変更

ⅶ解約（失効を含む）

これらの機能を駆使した代表的な３つの手法をご紹介します。

（１）解約（減額を含む）

　近頃の売上の急激な減少により資金繰りが逼迫している場合には、その不足分を賄うために銀行等の融資に頼ることが考えられます。ただ、その場合には必ず元金の返済が必要となります。このような経済状況が継続したときに最後に財務的に破綻し、返済が出来ない最悪の事態を想定することも必要になります。

　そこで、貯蓄性のある生命保険を解約して解約返戻金を現金化することで手持ち資金を増加させ、それを銀行からの融資の返済に充て借入総額を削減することが出来ます。また、減額とは、保険契約の一部分を解約することをいいます。

　この場合、契約時の税制に基づく経理処理によって異なりますが、資産計上されている金額との差額を差損益として計上することになります。

（２）契約者貸付

　契約している生命保険の中で一定額の解約返戻金がある場合、一定割合まで貸付（実質的には生命保険会社からの融資となります）を受けられる制度です（約款に規定されていて、利用の可否、貸付を受けられる割合は保険会社によって異なります）。

　契約者貸付を受けた場合、キャッシュを受け取ることは出来ますが、

あくまでも貸付であるため生命保険自体の損益には関係ありません。

　ただ、借入金に対する金利は、その商品の予定利率に一定の利率を加算したものになります。ですから、予定利率の高い時に加入した商品は、貯蓄効果は高くなりますが、金利負担は現在の市中金利に比べるとかなり高いものとなることがあるので、注意が必要です。

（3）<u>払済</u>

　契約中の生命保険の中で、一般の解約返戻金がある場合に、それ以降の保険料を支払わずに終身保険に変更出来るものです。この際、死亡保障は契約時の保障に比べて低くなります。

　この場合も、手続きが出来るかどうかは約款の規定によるので確認が必要です。

　払済の場合には、キャッシュは払い戻されず保険会社で管理されたままですが、損益は計上してもしなくてもいいことになっています。

　これらの手続きの中から会社の財務状況に応じた手続きを選択することが出来ます。

　次に、解約等により不足した保障をカバー出来る可能性がある方法について解説します。

　①保全機能

　解約において、生命保険を必要としている経営者の年齢・病気などで新たに加入出来ない場合には、ここでは説明を省略しますが、次のような生命保険が本来持ち合わせている保全機能に着目することも必要になります。

ⅰ変換権

ⅱ期間短縮

ⅲ延長定期

ⅳ払済

ⅴ自動振替（APL）

などがあります。

②保険の機能の新規加入

　既存の契約を解約等した場合、必要な保障が不足するためにその受け皿となる新規の生命保険を選択することになります。

　この場合の選択基準は既にご説明した通りです。

　最後に、生命保険は、想定していたことが現実化したときにキャッシュを用意出来る数少ない方法です。現在のような先行きが不透明な時代だからこそ、失ってはいけないものをどう守るかを真剣に考えないといけないのかもしれません。

第 **4** 章

投資家必見!!

民法改正施行により、不動産を建てる時、売る時の注意点

第1　マンション等建物を「建てる」場面

1．民法改正による請負人の責任

（1）請負人の責任は売主の責任と同様の扱いに

　請負人の担保責任に関する旧634条は、削除されました。

　新法では、請負契約の仕事の目的物が契約内容に適合しない場合、後述の売買契約の契約内容不適合責任の規定（562条から564条）が準用されることになりました（559条）。

（2）請負人の責任の存続期間が短くなったこと

　請負人の責任を追及する注文者の権利行使期間は、新法では原則として「注文者がその不適合の事実を知った時から1年以内」と変更されました（637条1項）。

　ただし、請負人が引渡し・仕事終了時に、その不適合について悪意又は重過失（＝知らないが、知らなかったことに重度の過失がある）のとき

には、上記の期間制限はなくなります（637条2項）。

2．建物を建てる場面の民法改正の落とし穴

（1）請負契約で建物の性能を明確に定めない重大リスク

旧634条は削除され、改正民法559条は、後記売主の責任の規定（562条等）を準用します。

そして、562条は、「引き渡された目的物が『種類、品質又は数量に関して契約の内容に適合しないものであるとき』」は、買主は、売主に対し、目的物の修補、代替物の引渡し又は不足分の引渡しによる履行の追完を請求することが出来る」と規定しております。

そこで、建物建築請負契約を締結するに当たり、建築する「建物の性能・仕様・品質」について、契約書等で明確に定めておかなければ、完成した建物に欠陥があったとしても、そもそも、欠陥≒「契約不適合」の主張自体が困難になりかねません。

（2）修補に代わる損害賠償の要件が厳格に

完成した建物に看過出来ない重大な欠陥がいくつも発見された場合、その請負事業者に対する信頼はすでに崩れていることから、注文者としては別の信頼出来る請負業者に修補させたいところです。

旧法の下では、注文者は、完成した目的物に欠陥がある場合、直ちに信頼出来る別の建築事業者に修補をさせ、請負人に対し修補に代わる損害賠償を請求することも可能とされておりました（旧634条2項）。

ところが、旧634条は削除され、改正415条2項は、

「債権者は、次に掲げるときは、債務の履行に代わる損害賠償の請求をすることが出来る。

　一　債務の履行が不能であるとき。

　二　債務者がその債務の履行を拒絶する意思を明確に表示したとき。

　三　債務が契約によって生じたものである場合において、その契約が解除され、又は債務の不履行による契約の解除権が発生したとき。」

と定めております。

　そこで、新法の下では、完成した目的物に欠陥がある場合、直ちに注文者が信頼出来る別の建築事業者に修補をさせ、請負人に対し修補に代わる損害賠償を請求することが困難になりました。

　初めに業者を選ぶ段階から、より信頼出来る業者に依頼することの重要さが高まったと言えます。

（３）建てた建物を売る際の責任が厳格に

　後述する売買に関する民法改正により、建築した住宅や賃貸マンション・事務所ビルを売却する場合の、売主の責任が厳格化され、売主は（ビルのオーナーであり、建築家ではないのに）、売ったビルの修補義務すら負うこととなりました（改正前は、建物の売主に修補義務はありませんでした）。

３．建物を建てる際の落とし穴を回避する８つの鉄則

（１）耐用年数が長く、劣化しにくい品質を重視すること

　①耐用年数６０年のマンションは、親の代と子の代の２世代にわたり

老後の安心と幸せを確保することが出来、高齢対策や相続対策のために、任意後見や民事信託の契約書を作成する際、大変頼りになります。

②耐用年限が長い≒劣化しにくいということですから、後述の建物売主の厳格な責任に対応しやすいと言えます。

③そして、民法改正により、耐用年限や品質を契約内容（契約書等）に盛り込む必要性が一層高まりました。

（２）修繕の負担（修繕の苦労）の少なさを重視

①多くの建物オーナーが苦しむのが建物の「修繕の負担」

劣化しやすいマンションやビルを建築あるいは相続し、（予想外の）修繕の費用、修繕に対応する手間と時間、修繕費用の資金繰りの精神的負担に苦しむ人は、決して少なくありません。

②改正法ではビルを売っても修繕義務が残る

しかも、改正民法では、建てたマンションやビルを売っても、原則として、修繕のリスクから逃れることは出来ません。

③出来るだけ将来の修繕が少ない建材と工法を選ぶこと

このような「修繕の負担」を避ける根本的方法は、築年数経過後も、出来る限り修繕の必要が少ない、堅牢な建物を建築出来る会社を選択することです。

④将来の補修計画と補修費用が概ね確定していること

そもそも、マンションの建設に先立ち、将来の補修の計画と予算が概ね確定していることは、後日の修繕の苦労とリスクを避ける上で、また、後述する実質的な建設費を比較する上で、必須なことです。

（3）巨大地震に耐える耐火性と耐震性を契約書に盛り込むこと

①将来３０年間の大きな地震の確率は？
　政府の発表によれば、今後３０年間の、首都直下型地震の発生確率
は約７０％であり、南海地震や根室沖地震の発生確率は約８０％に
もなります。今から首都圏、名古屋圏、関西圏、北海道で建物を建
てる場合、その耐用期間中に巨大地震の被害に遭う確率が７０％か
ら８０％にもなります。巨大地震の被害（火災や強震）を直視せず
に建物を建てる（あるいは建物を買う）ことは出来ません。

②「首都直下型地震を想定した耐火性と耐震性」は車の両輪
　大震災の後、建物は倒壊しなかったものの、周囲からの類焼により、
焼失する事例は多いと言えます（阪神淡路大震災、関東大震災）。
震度７の地震で建物が倒壊しなかったとしても、類焼すれば、相続
対策とともに肝心の生命が失われる危険があります。

③契約内容に盛り込むべき耐火性と耐震性の内容
　そこで、何がしかの耐火性と耐震性ではなく、阪神淡路大震災、関
東大震災級の首都直下型地震を想定した強い耐火性と強い耐震性は
車の両輪であり、民法改正の下、それが請負契約の内容に盛り込ま
れている必要が一層高まったと言えます。

（4）見かけ上の建築価格ではなく実質的な建築価格を比較

①見かけ上の建築価格のみを比較して、後悔しないように
　世の中には、マンションの耐用年数や品質、修繕の費用を考慮せず、
見かけ上の当初の建築価格のみを比較して請負契約を締結し、その
結果、却って非常に高い買い物になり、建築後に深く後悔している

人が少なくありません。

②これを避けるには、最低限、当該建物の建築時に支払う費用のみならず、当該建物の耐用年数１年当たりの建築価格、品質（競争力・空室リスクの有無程度・設定出来る家賃の金額、災害耐性＝耐火性且つ耐震性）、将来想定される建物の修繕の金額、建物の維持管理にかかる費用等を総合的に考慮して、高い買い物か、お買い得かを判断する必要があります。

③そして、その建物建築がお買い得であると判断するなら、そのお買い得である理由（耐用年限、品質、修補費用）が契約書に盛り込まれている必要があります。

④建物建築での安物買いはぜひとも避ける

　改正民法では、品質今ひとつのアパート・マンションを建築して、１０年・１５年後に売却した場合、売主は、修補義務・高額の損害賠償義務を負うリスクを負います。

　他方、建物建築は、一般に、文房具や電化製品ほど価格差がなく、品質今ひとつの建物であっても、建築価格はそれなりに高額です。

　「安物買いの大金失い」は、ぜひとも避けたいものです。

（５）建物の品質とサブリース計画の手堅さは、車の両輪

①経験がないままにマンションの賃貸や管理をすることは、リスクと負担（改正民法で家賃保証の要件が厳格になりました）が大きく、堅実な計画の一棟貸し（サブリース）が安心・安全です。

②ただ、サブリースの計画が堅実でも、肝心の建物に競争力が乏しければ、サブリースは長続きしません。

③そこで、建物の競争力、サブリース計画の堅実さ（サブリース契約

継続率や入居率の実績）双方を吟味して、マンション建設を計画することが重要です。

（6）一番重要な鉄則は心配の必要すらない建設会社を選ぶこと

　素人が手抜き工事を監視することは不可能に近く、工務店や設計事務所に資力がなければ、いかに立派な契約書を作っても、損害賠償請求訴訟に勝訴しても、絵に描いた餅になります。

　建物建設が一生の一大事である上に、改正民法施行を踏まえ、建物を建てる場面のリスク回避の一番重要な鉄則は、

　①品質について心配の必要すらない定評ある会社を選び、

　②万が一、欠陥が出ても賠償能力に全く心配のない大きな会社を選ぶことです。

（7）建築会社の選択に当たり情や縁故は捨て去ること

　ところが、世の中には、建物の品質や建築会社の資力など全くお構いなしに、情や縁故で建築会社を選択し、品質今ひとつの建物を建てて後悔したり、欠陥住宅の被害に遭う人が少なくありません。

　品質において、ベストの建築会社を選定する際、建築会社や設計事務所に自分や親族（子供や嫁や婿等）が勤めている、最初に来た営業マンが良い人だった、自分の取引先の建築会社である等々、情や縁故をきれいに捨て去り、建材の客観的性質・工法の特性、実際過去の大震災（阪神淡路大震災等）で延焼や倒壊を免れた実績があるのか等々、客観的事情を冷静且つ慎重に比較検討して判断することが極めて重要です。

　このことが、建物を建てる時の7番目の鉄則として、特に強く肝に命

じなければならないことだと考えます。

　なぜなら、建築会社の選択を誤り、建てた後で後悔したとしても、通常は（ほとんどの場合）建て直すことは出来ず、建築会社の資力等に鑑み裁判上の救済にも限界があるからです。

　建築会社の選択に、決して失敗は許されないのです。

　ところが、建築会社の選択に失敗する人が後を絶たないのです。

（8）建物を建てる立地を徹底的に吟味すること

　①政府の発表によれば、今後３０年間の、首都直下型地震の発生確率は約７０％であり、南海地震や根室沖地震の発生確率は約８０％にもなります。
　②温暖化の進行により、年々、台風や大雨の被害は深刻になっております。
　③少子高齢化の進行により、若い賃借人は減りますが、高齢の賃借人は増えるはずです。

　建物を建てる場合、
　①地震の被害が高まる軟弱地盤や津波の被害が想定される場所を徹底的に避け、
　②台風や大雨による高波・洪水・崖崩れ等のリスクのある場所も徹底的に避け、
　③（運転免許を返納した）高齢者が住みやすい交通の便のよい地域を厳選する、
　という必要があります。

第2　不動産を売却する場面

1．売買契約の売主の責任に関する民法改正

（1）種類物売買と特定物売買

　種類物売買とは、例えば、「○○会社製の○○型のノートパソコン１０台の売買」というように、一定の種類の目的物を一定数量売買の目的物とする場合を言います。

　これに対し、特定物売買とは、「○○に所在する中古住宅一棟を売買の目的とする場合等、売買の当事者が目的物の個性に着目して（言わば世界に一つの物として）売買の目的」とした場合です。

（2）改正の理由

　旧法の下では、売主の責任は、種類物売買と特定物売買とで規律が異なる等、やや難解な制度になっておりました。

　そこで、わかりやすく合理的なルールを明示するという民法改正の趣旨により、改正法は、種類物売買・特定物売買を区別せず、売買契約の売主の責任について、以下のように定めました。

（3）民法改正により売主の責任は厳格に

　改正民法の売主の担保責任（契約不適合責任）を簡単にまとめると、以下のようになります。

　①契約内容の不適合（契約内容に適合しない目的物の欠陥等）につき、

売主に帰責事由があるとき、買主は、損害賠償、解除、追完（修補・代物）請求、代金減額請求の4つの請求が出来ます。

ただし、新法563条1項は、目的物の性能が契約内容に適合しない場合、買主が相当の期間を定め履行の追完を催告し、その期間内に履行の追完（修補・代物の交付）がないとき、買主は代金減額請求が出来ると定めています。

②契約内容の不適合につき、売主買主の双方に帰責事由がない場合、損害賠償請求をすることは出来ませんが、その場合でも、それ以外の解除、追完(修補・代物等)請求、代金減額請求は出来ます。

③契約内容の不適合につき、買主に帰責事由があるとき、買主は、損害賠償、解除、追完請求、代金減額請求のいずれもすることは出来ません。

（4）売主の契約不適合責任の期間制限にご注意を

①買主は、上記請求をするためには、引き渡された目的物が契約に適合していないことを買主が知ってから1年以内に、売主にその旨を通知（訴えの提起までは不要）しなければなりません（566条本文）。

②なお、売主が内容不適合につき悪意又は重過失の場合、例外的に一般の消滅時効の規定が適用されます（566条但書）。

２．建物を「売買」する場面の民法改正の落とし穴
（欠陥住宅を売ってしまった場合の巨額リスク）

　例えば、億単位の賃貸マンション・事務所ビルを建築した場合、将来の相続・事業承継の都合によっては、賃貸マンション（特定物）を他に売却しなければならなくなることもありえます。

　この時、旧法では、建物等不動産（特定物）の売主は、売買の目的物に瑕疵があったとしても、原則として（特約なき限り）

　①修補義務を負わず、

　②瑕疵がないことを想定した売買代金額と瑕疵がある場合の価格との
　　差額について損害賠償をすれば足りる、

とされておりました。

　ところが、改正民法では、目的物に欠陥（契約で約束した品質に適合しない部分）がある場合、不動産の売主は、原則として、

　①目的物の修補義務を負っており、

　②通常事情と予見すべき特別事情を基礎に契約不適合（更に修補の不
　　履行）と相当因果関係を有する損害のすべてに対し、損害賠償のリ
　　スクを負うのです。

　この重大リスクを十分想定せず、安易に中古建物を売ってしまって、本当に大丈夫でしょうか？

３．落とし穴を回避する根本的対処法

（１）契約不適合責任免除特約の限界

　建物売主の責任を軽減する方法としては、本書別項「民法改正施行に

より、契約書作成し直しの必要性」に記載されている契約不適合責任免除
特約等がありますが、それでもリスクが残る場合があり、かかる特約を付
せば、せっかく大金を出して建物を建てたのに、建物の売却価格は安くなっ
てしまいます。非常に切ないことになります。

（2）ベストの建築会社で品質ベストの建物を

　売主の責任を回避しつつ、なおかつ、建てた建物で収益を上げ、建て
た建物を高く売るためには、ベストの建築会社を選択し、品質ベストの建
物を建てることに勝る方法はありません。

４．建物を買う場合もパラレル

　建物を買う場合にも、将来買った建物を売ることを想定し、ベストな
立地に品質ベストの建物を買うことが非常に重要となります。

《参考文献》
・法務省の民法改正に関するホームページ

消費税還付申告に激震！
居住用賃貸不動産の消費税還付

「消費税還付申告」ですが、ついに 2020 年 4 月施行の税制改正で封鎖されることとなりました。最後の消費税還付申告の手法を振り返ってみましょう。

1．消費税が還付されるとはどのようなことですか？

消費税とは、売上先から預かった消費税から、ご自身が仕入先（不動産業者・建築業者・経費）に支払った消費税を差し引いて納めるというのが大原則です。そのため、預かった消費税より支払った消費税の方が多い時には払い過ぎた消費税は還付されます。

しかし、マンション・アパートの購入費・建築費として支払った消費税は、住宅に関する家賃収入はもともと消費税がかかっていないことを理由に、還付の対象にはならないというのが税務署の一般的な見解であり、多くの税理士が誤解していたところです。

2．2016 年 4 月 1 日以降（第二次改正後）

1．不動産投資をしようと思う人は、まずは「消費税課税事業者選択届

出書」を提出します。届出書の提出は物件の取得前にして下さい。

2．建物の購入・完成月に消費税の非課税売上である家賃収入が発生しないように契約をし、一方、消費税の課税売上（自販機収入、駐車場収入、物販収入、コンサルタント収入、金地金の売却収入など）を合法的に計上します。

3．消費税の確定申告書（還付申告書）を提出します。

4．還付申告年を含めて３年間の課税売上割合の推移に注意し、合法的に課税売上を計上しながら、後述する「調整計算」に引っ掛からないようにすれば、消費税還付金額の受取りが確定します。

　２０１６年４月改正により、「消費税課税事業者選択届出書」を提出して消費税還付を受けようとする人は、全員が「調整計算」の対象となります。

　具体的には、本項の最後に図解を掲載しております。まず、還付を受けた初年度の課税売上割合（課税売上÷総売上）を計算します。次に、還付を受けた年を含み、３年間の通算課税売上割合（課税売上３年合計÷総売上３年合計）を計算します。

　この２つを変動率と変動差という観点から数値化し、変動率が５０％以上、かつ変動差が５％以上になった場合に、仕入控除税額の調整が行われることになります。

　そこで、一度受け取った消費税還付金を没収されないためには、非課税の家賃収入がある人は、特に変動率が５０％を超えないように、合法的に課税売上を計上して、３年間の合計をコントロールする必要が生じるのです。

消費税還付を受けた後は？

1．消費税還付を受けた後の対応について

　消費税還付を受けた後3年間の通算課税売上割合の通算が50％以上変動した場合、還付金の返還を求める「調整計算」の制度があるため、通算課税売上割合が50％以上変動しないように課税売上を合法的に作る必要があります。

　1,000万円×1％＝10万が本来の還付額とされ、差額990万円を税務署に返還することになります。

1,000万円の還付を受けていた場合

	第1期	第2期	第3期	第4期	通算
課税売上（自販機売上）	1万円	12万円	12万円	12万円	37万円
非課税売上（家賃収入）	0円	1,200万円	1,200万円	1,200万円	3,600万円
売上	1万円	1,212万円	1,212万円	1,212万円	3,637万円
課税売上割合	100％	0.99％	0.99％	0.99％	1％

消費税還付時：100％⇒通算課税売上割合：1％＜50％以上変動あり

2．消費税還付額を税務署に返還しなくても良い場合

　賃貸用不動産の引き渡し後、3年分の家賃収入を超える金地金の売買などの消費税の課税売上を行うことにより、還付金の返還はありません。

　3年間を通算した課税売上割合は50.25％となるので、還付金を返還する必要はありません。

家賃収入を超える金地金の売買を行った場合

※ 3,600 万円の金地金売買

	第 1 期	第 2 期	第 3 期	第 4 期	通算
課税売上（自販機売上）	1 万円	※ 3,612 万円	12 万円	12 万円	3,637 万円
非課税売上（家賃収入）	0 円	1,200 万円	1,200 万円	1,200 万円	3,600 万円
売上	1 万円	4,812 万円	1,212 万円	1,212 万円	7,237 万円
課税売上割合	100％	75.06％	0.99％	0.99％	50.25％

消費税還付時：100％⇒合計課税売上割合：1％＜50.25％以上変動あり＞50％以上変動無

3．2020 年 4 月 1 日以降（今回の改正後）

　今まで何回もの改正を乗り越えて合法的に高額の消費税還付を受領することが出来ましたが、今回の改正で次の2つしか残された道は無いことになりました。

①新築物件で 2020 年 3 月 31 日までに建築請負契約を結んだ物件について、先述した金地金の売買等により合法的に課税売上を計上出来る場合は、完成・引き渡しがいつになろうとも改正前の税法が適用になりますので、消費税還付は合法的に受けられます。既に還付の条件を満たす建築請負契約の期限を既に経過しているため、こちらのスキームで消費税還付を受けるためには既に時遅しということになってしまいます。

②新築・中古を問わず、物件取得前に「消費税課税事業者選択届出書」を提出した人は、2020 年 9 月 30 日までに完成・引き渡しを迎え、その他の条件（物件を取得してから 3 年間の課税売上割合に関して

調整計算の対象とならないこと）を満たせば消費税の還付を受けることが出来ます。これが最後の手段となります。合法的に還付が認められる要件を税制改正大綱から一部抜粋したものを下記に記します。【　】は平易に言い換えた文面です。

居住用賃貸建物の取得等に係る消費税の仕入税額控除制度について、次の見直しを行う。

居住用賃貸建物の課税仕入れについては、仕入税額控除の適用を認めないこととする【この後に記載されている内容に、取得した居住用賃貸建物を3年のうちに売却した場合には、売却した年に仕入税額控除が認められております。しかし、売却した居住用賃貸建物に係る消費税からその居住用賃貸建物を取得した時に支払った消費税額を差引して納付又は還付となるので、居住用賃貸建物の消費税還付を事実上は認めないということです。では、いつから適用開始となるかは、下記注意書き通りとなります】。

（注）上記の改正は2020年10月1日以後に居住用賃貸建物の仕入を行った場合について適用する【10月1日以後居住用賃貸建物を取得しても消費税還付は認めない】。

また、上記の改正は2020年3月31日までに締結した契約に基づき2020年10月1日以後に居住用賃貸建物の仕入【新築】を行った場合には、適用しない【消費税還付を認める】。

以上より、中古物件を購入して「消費税還付を受けたい」という人は、何としても2020年9月30日までに物件の引き渡しを受けてください。

住宅の貸付けの用に供しないことが明らかな建物【事務所・テナントビル等】以外の建物【居住用賃貸建物】であって高額特定資産【1,000万円以上の資産】に該当するもの（以下「居住用賃貸建物」）の課税仕入れ

については、仕入税額控除制度の適用を認めない【支払った消費税を差引くことが出来ない⇒消費税還付を認めない】こととする。ただし、居住用建物のうち、住宅の貸付けの用に供しないことが明らかな部分【事務所・テナント・倉庫・旅館等の部分のことです】は仕入税額控除を認める【消費税還付は従来通り出来る】。

　なお、使用目的を記載していない場合や、ＳＯＨＯなど居住用及び事業用のどちらで使用する場合（一時的な利用【ウィークリーマンションや１か月未満の貸付けを前提とするマンスリーマンション】）を除き、家賃収入は非課税とする。【消費税還付を認めない】と一切の例外を認めない強い意志表示を示しました。

　これらの新改正により、居住用賃貸建物の消費税還付はついに幕を閉じたことになります。

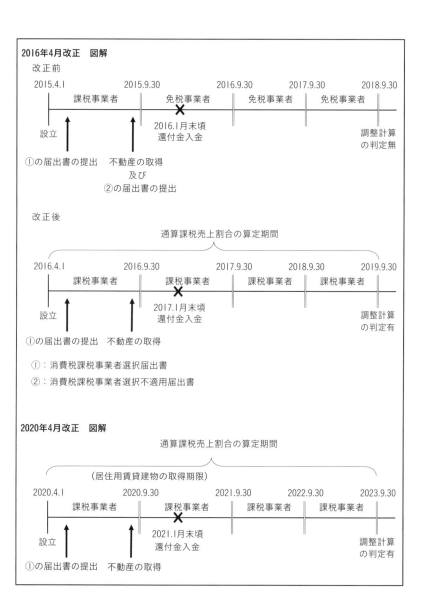

2016年4月改正　図解

改正前

2015.4.1		2015.9.30		2016.9.30	2017.9.30	2018.9.30
課税事業者		免税事業者 ✕		免税事業者	免税事業者	免税事業者

設立

2016.1月末頃
還付金入金

調整計算
の判定無

①の届出書の提出　不動産の取得
及び
②の届出書の提出

改正後

通算課税売上割合の算定期間

2016.4.1		2016.9.30		2017.9.30	2018.9.30	2019.9.30
課税事業者		課税事業者 ✕		課税事業者	課税事業者	課税事業者

設立

2017.1月末頃
還付金入金

調整計算
の判定有

①の届出書の提出　不動産の取得

①：消費税課税事業者選択届出書
②：消費税課税事業者選択不適用届出書

2020年4月改正　図解

通算課税売上割合の算定期間

（居住用賃貸建物の取得期限）

2020.4.1		2020.9.30		2021.9.30	2022.9.30	2023.9.30
課税事業者		課税事業者 ✕		課税事業者	課税事業者	課税事業者

設立

2021.1月末頃
還付金入金

調整計算
の判定有

①の届出書の提出　不動産の取得

初心者が気をつけなければ いけない投資

　中国武漢に端を発した新型コロナショック、それに加えて、原油ショックが加速し、世界の株価が大暴落しました。ニューヨークダウジョーンズは、２０２０年２月１２日に２９，５６９ドルと最高値をつけましたが、３月２３日には１８，２１４ドルと３８．４％大暴落しています。一方、日経平均は、２０１８年１０月２日にリーマンショック後の新高値２４，４４８円をつけましたが、２０２０年３月１９日に１６，３５８円と３３．１％の大暴落を記録しました。今回の暴落は、２００８年のサブプライムローンに端を発したリーマンショックのような金融危機ではなく、コロナショックによる流通危機、消費危機、世界景気後退です。

　株式は、景気の指標といわれてきましたが、現在では、どちらかというと各国政府の通信簿的役割を果たしています。その意味において、２０１２年１２月からのアベノミクス政策後、日本では大きな下落をしても、日銀やＧＰＩＦが大きく買い支えてきて株価に安心感がありました。同様に、米国では、３大ＥＴＦといわれるブラックロック、バンガード、ステート・ストリート・グローバルにより買い進められてきました。２０１９年までは、景気も順調で右肩上がりで上昇していました。

　しかし、中長期的にみると、株式市場は、８年から１３年位の周期で、暴落を繰り返しています。今回の暴落幅、暴騰幅が大きかったのは、日銀、

米国３大ＥＴＦ会社により、株式市場の浮動株が極端に少なかったことで出来高も少なくなり、高速取引ＨＦＴやＡＩ取引により、急落を繰り返して大暴落をおこしてきたことにあります。

　それでも世界大恐慌、日本の平成バブル、リーマンショック等々の研究で考え抜かれた無制限ともいえる金融緩和により、株価は、何とか持ちこたえているといえるでしょう。

　今回の大暴落、罫線やある指標を見ていれば、暴落前に三尊天井の様相を呈しており、大暴落も避けられたかもしれません。また、大正時代以降、元号が代わった後で不景気や株価暴落が起きていた事実について歴史を熟知した人には、当然の暴落、不景気と思えたかも知れません。

　この危機に際し、金融の歴史、投資の種類、効果的な投資配分の基礎を学ぶことも良い機会であると思います。

１．お金という存在

　お金、紙幣やコインとはなんでしょうか。人類は古代から、物々交換をしてきましたが、携帯に便利であるがゆえに、中間の交換媒体であるお金を使ってきました。元々、ユダヤ人が、金をベースとして、金の預かりの代わりに預かり書を発行していました。これが、紙幣の始まりだといわれています。現代では、政府が鋳造するのはコインですが、政府が刷るのは、大きくは、国債の発行による資金調達です。一方、JASDAQ上場の私企業である日本銀行が、紙幣を発行しています。日銀が紙幣の発行権をもっているということです。例えば、お金の信用は、国家の信用、すなわち、GDPの大きさ、経済成長力、徴税能力、政権の安定性等々から成り立っています。これらが為替が変動する理由でもあります。

　第二次世界大戦後半、１９４４年７月、ブレトンウッズ協定により、金

１オンスを３５米ドルとし、金にリンクしたドルを世界の基軸通貨として使うことになりました。しかし、経済、貿易、財政規模の増大、１９７１年８月１５日のニクソンショックにより、ブレトンウッズ協定は破綻し、ドルは金と交換出来なくなりました。その後、オイルダラー、ペテロダラーという原油取引には、ドルしか使えないというルールに基づき取引されてきました。米国の意思で米ドルは大量に刷り続けられ、慢性的な通貨インフレにより、インフレを巻き起こしています。２１世紀に入ってからは、原油をユーロ、元、金、ＳＤＲで取引することが提案されましたが、米国の意向に反するので、なかなか、ドル取引は変わりません。２００６年頃より、米国が、技術の発展により、シェールガスの採掘が出来るようになりました。これにより、米国は世界第一の石油埋蔵国となり、また、新たな原油戦争の観を呈しています。米国株価は、経済の発展が伴ってはいますが、同時に、ドルの価値が落ちた分を補正するために株価が上がっており、インフレ現象の結果とも見ることが出来ます。

２．知っておいて損はないバブルの歴史

　バブルは、いつも違う状況下で起きます。歴史上同じバブルは無いといわれています。以下が、有名なバブルです。バブルの歴史という本まで出版されています。

（１）チューリップバブル（１６３７年３月）

　オランダで起きた希少なチューリップ球根の価格が異常に高騰したバブル。一つの球根で、家一軒が買えたといわれています。

（2）南海泡沫事件（1720年）

　イギリスで起きた投機ブーム。南海会社の株価が短期で10倍位高騰しました。泡沫、バブルの語源のようです。

3．投資を始める前に

　お金を儲けたい、良い暮らしをしたいと万人が思うはずです。いろいろな人が、成功するための情報やノウハウを収集するのに終始します。しかし、重要なことは、お金を儲けるということは手段でしかないことです。お金を稼ぐという目的も、実は手段なのです。お金持ちになりたいというのも、手段にすぎません。人生には人様々な達成目標があると思います。家族を幸せにしたい。愛する人をお金の苦労から救いたい。人生の目標とする考え方、マインドセットを見直して、そのために投資をしてお金を稼ぐ。実現のためには、上手く稼いでいる人を徹底的に真似る、再現性のあるノウハウを学び実行することです。投資は必ず、最初に損をします。上手く儲けた人はビギナーズラックで、長続きはしません。人生終わるときに、すっからかんにならず、幸せな人生だったと言いたいものです。そのためにも、中長期的に安定して儲けていきたいものです。

4．お金の使い方

　投資の前に、お金の使い方貯め方について説明します。勤労等により得たお金は使い道により、(1)消費(2)貯蓄(3)浪費に分類されます。その中で、貯蓄は、多くの日本人は将来の蓄えとして日本円で貯めています。現代の日本では、普通預金金利が0.001％と低く、1万円預けて

も、１００年経っても、１０円の利息しかたまりません。２倍になるには、７万２千年かかります。１９８０年代のバブルの時は、定期預金が８％だったことが懐かしく思えます。一方、米国人は、消費のためにクレジットを使い、将来の蓄えや年金として株式投資をする人が多く、比率が日本人の２〜３倍といわれています。アメリカンドリーム、成功者を尊敬するという風潮にあります。一方、日本では、子供の頃からお金に対する教育がほとんどされておらず、投資は怖いもの、お金持ちに対する偏見も潜在的にあるようです。貯蓄率が高く維持されていた理由かもしれません。

　預金には、普通預金、定期預金等々ありますが、少しの利息がつきます。ただし、金融機関が倒産した時に、預金の最大１，０００万円しか保証されません。ペイオフという制度です。連鎖倒産が起きた場合は、政府のペイオフ上限があり、さらに、少ない金額しか払い戻されない可能性もあります。ペイオフ、銀行の倒産を気にする人は、全額保証されますが利息はつかない決済口座に普通預金から代えるのも一つの方策です。

５．７２の法則

　資産を倍にするには、投資利回り、運用年数によって、達成時期が異なります。その時に便利なのが、７２の法則です。

　　　年利（％）× 年数（年）＝ 72

　上記の式の「年利(%)」に年利率（複利）を当てはめると元本が２倍になるのに必要な年数が求められます。逆に、「年数」に運用年数を当てはめると元本が２倍になるのに必要な年利が求められます。例えば、６％の運用、12年で２倍になることがわかります。６年で２倍にするには、年利12％が必要となる計算です。ご自身の儲けの基準を設けてみてはいかがでしょうか。

6. リスクとリターン

　リスクとリターンは比例します。高いリターンを求めるとリスクは増大していきます。例えば、貯蓄は、利息は大きくはありませんが、積み立てていけば、大きくはなります。リスクは低いです。一方、レバレッジをFXでは個人で25倍、1,000倍にもかけられる株価指数先物は、儲かる時は大きいですが、同時に、負けた時のダメージは大きく、投資額が一瞬のうちに蒸発してしまうこともあります。勿論、儲ける人もいるわけですから、リスクの大きいものが悪いというわけではありません。うまい人はリスクを最小限にしていく方法を取っています。投資対象には悪いも良いもありません。

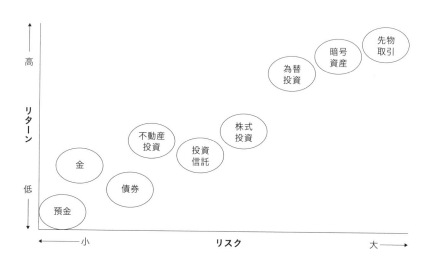

7．世界の投資参加者

　世界の金融資産は1京円強ともいわれています。デリバティブを考慮すると、6京円は、楽に超えているようです。

　このような市場に以下の3者が参入しています。日々虎視眈々と金融エリートが利益を狙っています。一般の投資家が太刀打ち出来ない理由は、ここにあります。今回の大暴落では、金融のプロ中のプロ、ヘッジファンドでも大損失を受け、パフォーマンスの悪いヘッジファンドは、どんどん撤退しているのが現状です。一般投資家は、短期で勝つのは難しいですが、中長期で投資していくと、勝率は高くなる傾向にあります。

（1）　金融機関

　（ア）銀行（JPモルガンチェース、HSBC等々）

　（イ）証券会社（ゴールドマンサックス等々）

　（ウ）保険会社（メットライフ、アフラック等々）

（2）　機関投資家

　（ア）ETF会社、投信運用会社（ブラックロック、フィデリティー等々）

　（イ）ヘッジファンド

　（ウ）各国投資機関、大学資金運用

（3）　一般投資家（私達）

8．情報の源流

　一般投資家は、株式の雑誌やネットの情報で、儲けられるような銘柄を見つけることがあります。買ってみたら買った時が最高値近辺であり、急落した。よくあることです。情報には、一次情報、二次情報、三次情報があり、一般の投資家がアクセス出来るのは、三次情報です。投資家は、

えてして私しか知らない情報だと思っていても、得た情報は、金融エリート達にとっては常識的な情報にすぎないわけです。既に一次情報を知っており、株価が安い時から仕入れているのです。高く買わされるのが、一般の投資家という構図ではないでしょうか。

9．投資の大きな分類

　投資は、株式、債券のような金融資産投資と不動産に代表されるような実物資産投資に大別出来ます。また、投資する国を考慮すると、日本、発展途上国（例えばフィリピン、ベトナム）、日本以外の先進国（例えば、欧米）と大きくは3つの対象市場があります。

		日本	海外	
			先進国	発展途上国
金融資産	株式			
	債券			
	商品相場			
	為替		※	
	仮想通貨		※	
	事業投資			
現物資産	不動産			
	商品			
	貴金属（金）		※	
	絵画			
	ワイン			
	アンティークコイン			
	アンティークカー			

※ 世界共通と思われます

１０．投資商品の特徴

　金融資産は、世界での情報がネットで共有化されているため、価格は差があったとしても、一瞬のうちに同じ価格になります。常に世界で同じ価格と考えられます。株式の価格は、その典型と言えるでしょう。一方、実物資産は売買の価格差が大きいと言われています。価格に歪みがあり、安く手に入れることも可能です。不動産のように、物件が１つしかなく、かつ、相対取引ですから、定価というものがありません。金融資産は、世界の金融エリートがしのぎを削っている市場で、コンスタントに勝つことは難しい。まだ、実物市場の方が、可能性は高いと思われます。

１１．金融資産、実物資産の主な種類

　投資の種類は多数あります。

（Ｉ）金融資産

（ア）　株式
　①　個別銘柄（ソフトバンク、トヨタ、ＧＭ等）
　②　投資信託
　③　インデックス投資（日経平均、ニューヨークダウ等）
　④　ＩＰＯ（新規公開株）
　⑤　ＥＴＦ（指数、国別、商品、通貨等の上場投資信託）
（イ）　債券（有価証券）
　①　国債（日本国債１０年物等）
　②　地方公共団体債
　③　社債（事業会社）

④　米ハイイールド債

⑤　ＥＭ債（エマージング市場）等

（ウ）商品

①　原油

②　穀物

③　ゴム等

（エ）為替（ＦＸ）

①　ドル円

②　ユーロ円等

（オ）仮想通貨

①　ビットコイン（ＢＴＣ）

②　アルトコイン（イーサリアム等多数）

　日本で買えない海外の金融商品には、金融庁の指導で取引出来ない海外の金融商品があります。日本において説明さえも禁止されています。

（2）実物資産の種類

（ア）不動産

①　一棟物（商業系、住居系）

②　区分所有（ワンルーム）

③　不動産小口投資

（イ）金（地金、積み立て）

（ウ）アンティークコイン（発行枚数の少ない希少価値のあるコイン）

（エ）絵画（画廊、海外オークション、例えば Christie's）

（オ）ワイン（ベリーブラザーズ＆ラッド等）

（カ）クラシックカー

１２．投資の期間

（1）短期投資

　動きが激しいために、プロでも勝つのが難しいといわれています。繰り返し売買が多く、気を抜けません。レバレッジを掛ける人が多い市場です。

（2）中長期投資

　一般の投資家で、勝てる確率が高い方法です。狙った銘柄をドルコスト平均法で買っていくと安心です。ただし、右肩上がりの時には有効ですが、暴落を含むような右肩下がりの時は、難平買いに近くなるため、有効とは言えない可能性があります。

（3）買ったらガチホ

　米国でも、暴落時に買い増しし、配当を取っていく。原則決して売らないという投資法です。米国株のように、歴史的に右肩上がりである市場では、有効な手法と考えらえます。

１３．投資の分散という考え方

　資産配分という考え方です。金融資産、現物資産、日本、海外に分けて、出来るだけ均等配分しておく方法です。為替を読むことは至難の業ですが、円高予想であれば、円資産を多く、円安であれば、ドル資産を多くすると、

リスクは分散出来る可能性があります。日本人投資家は、円資産に偏り過ぎで今般のような株価変動、為替変動があった場合、世界の為替から見ての資産額変動が大きいため、海外資産を含めた資産配分にするのが良いといわれています。

１４．投資は誰に相談すれば良いか？

　初心者が投資を始める時に、何を勉強すれば良いか、誰に相談すれば良いかと悩みます。金融関連に関しては、銀行の人、証券会社の人に相談する人もいます。銀行、証券会社の担当者は、金融商品を良く知っており、頼りになる相談相手だと思ってしまいます。しかし、よく考えてみると、手数料を稼ぐ金融商品のセールスマンなのです。もし、本当の専門家で稼げる能力があれば、独立して自分の投資会社を作り稼ぐであろうと容易に類推出来ます。勿論、お客様のために、有益な情報を教えてくれる人も居ますし、実力があって独立される人も見てきました。

　長年、投資の成果を出している投資家を探し、教えていただくのが良い方法であると考えます。例えば日本の不動産であれば、大家さんが開催する会が全国各地にあり、参加してみるのも良いでしょう。無料セミナーはセールス活動が多くて得るところが少ないので、有料セミナーをお勧めします。投資で長年成果を出している人や会は、時代の流れ、再現性の良い投資法を実践されています。

　世の中は、仕掛ける人と仕掛けられる人の２グループに大別出来ます。金融商人等は仕掛ける人。それを買う人は仕掛けられる人と考えれば良いです。仕掛けられる人の中に少数ですが稼いでいる投資家がいます。

15．やってはいけない投資

（1）収益が上がる理屈がよくわからない金融商品

　集めたお金を新しい顧客に高利回り配当しているような仕組みは「ポンジスキーム」と呼ばれています。自転車操業です。集めた配当金が元本を超えれば当然、倒産します。ですから途中で、持ち逃げするスキームです。いつの時代もこの手の詐欺は絶えません。「月１０％確定です」のような宣伝に注意しましょう。紹介された金融商品は、買う前に、ネットで、評判、噂を検索してみてください。明確に、詐欺だと書いているのもあります。住所、責任者、電話番号が記載されていないものは、ご法度です。LINEだけでしかアクセス出来ないのも、要注意です。あっという間にアクセス先が消えてなくなります。一発狙いの僥倖は追わない方が良いです。

（2）知り合いや友達から紹介された金融商品

　友達との仲、信頼関係もありますが、冷静に金融商品そのものの可能性、リスクをよく検討してから取り組んだ方が良いです。大概失敗します。友達が、金融のプロではありませんから。友達も騙されている可能性もあります。

（3）あなただけ特別に本日限りといった高利回り金融商品、ワンルーム

　このような商品は売っている人が買えば儲かるはずです。売ってる人に、なぜあなたは自分の金で買わないのかを聞いてみてください。相手は嫌がりますね。儲かるのならば、貯金通帳を見せてもらえば良いです。本

当に儲かるならば、見せてくれる筈です。

（4）未公開株の紹介

「必ず上場します。必ず儲かります。倍になりますよ」という投資案件。未公開株の配布人数制限があるので、一般で手に入れるのは、ほぼ困難です。よっぽどのコネが有れば別ですが、殆ど、詐欺です。買ったが上場しなかったというのが多いです。元々上場予定のないものもあります。

（5）M資金

占領下、ＧＨＱが占領下日本で接収した秘密の資金。経営者、富裕層が騙される詐欺。巨額の融資話を持ち掛けられます。昭和、平成と詐欺は続きますが、企業の信用問題に関わるので、表沙汰にはなりません。

資産形成は、負のスパイラルに入ってしまうと抜け出すだけで必死であり、資産形成どころではありません。例えば、塩漬け株式だらけのポートフォリオ、キャッシュアウトしてしまう不動産投資（ワンルーム）など避けるべきだと思います。資産増大には、正のスパイラルに転じることが重要と感じます。

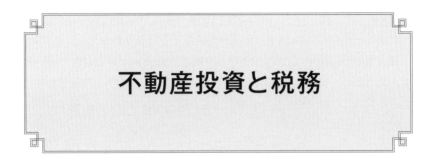

不動産投資と税務

　近年、投資用不動産を購入する人が増えています。その理由のひとつとして、2015年以降、相続税法の基礎控除が減額されたことにより、相続税対策として投資用不動産を購入する人が増加したことがあげられます。

　また、マイナス金利等の影響により、資産運用の手段、会社員の副業として始められた人も多いです。この場合、不動産投資の目的は大きく分けて二つとなります。

　一つは、その賃料収入を得ること、もう一つは、その資産を売却することにより、売却益を得ることです。資産運用の手段として不動産投資が成功したかどうかは、トータルとして差益がでたかということになります。

　そこで不動産投資に係る（購入時、保有運用、売却時）税務について確認してみます。なお、投資用不動産を購入した場合と、自己居住用不動産を購入した場合では、税法の適用が異なるため注意が必要です。

（相続税法の改正）

　2015年以降相続が開始された場合、相続税法の改正により、相続税の基礎控除額が、従来5,000万円＋1,000万円×相続人の基礎控除額が、3,000万円＋600万円×相続人へと減額されました。基礎控除額が4割

も減額されたことにより、改正前の 2014 年相続税申告者数は 4.4％だっ
たのが、2018 年には 8.5％とほぼ倍増することとなりました。

　また東京都に限れば 16.7％となり、約 6 人に 1 人が対象となっていま
す。このため、従来の富裕層だけでなく、一般の人も都内で戸建てをもっ
ている場合などは、相続税の対象となるため、相続税対策が必要との認識
が広まりました。

（相続税対策としての不動産投資）

　不動産投資は相続税対策としては有効です。その理由として相続税の
評価方法があげられます。現金や金融資産のような換金性の高い資産で保
有するよりも、不動産のような流動性の低い資産で保有した場合、様々な
評価減が受けられるためです。

　例えば現金で 1 億円持っている場合、相続税評価額も 1 億円ですが、
不動産を購入した場合、土地の相続税評価額は路線価の場合、おおむね
80％、建物は建築費用のおおよそ 50％から 60％ぐらいの相続税評価額
となります。また、その不動産を貸し付けている場合、更に貸家建付地等
の評価減も受ける事が出来ます。このように相続税評価額を大幅に圧縮す
ることが可能であるため、相続税法の改正以後、大手不動産会社の積極的
な営業などもあり、サブリース等を利用し、賃貸不動産を購入する人が大
幅に増加しました。

（購入時に掛かる税金）

1. 不動産取得税　不動産を購入した場合は、不動産取得税が掛かります。
　　この場合の課税標準額は、購入した価額ではなく、固定資産課税台帳
　　に登録されている価額が課税標準となります。通常は購入価額よりは
　　低く抑えられています。税率は原則として 4％ですが、2021 年 3 月

31日までは、土地及び家屋（住宅）は課税標準額×3％となります。なお、一定の要件に該当する住宅を購入した場合は、軽減措置が受けられます。注意すべき点は、物件の引き渡し後、6か月〜1年後ぐらいに納税通知書が届くことです。このため、納税のタイミングがだいぶずれるので、忘れないように納税資金を用意しておくことが必要となります。

2. 登録免許税　土地や建物の所有権を第三者に対抗するためには、所有権の移転登記が必要となります。自己居住用でない場合、新築・中古ともに住宅用家屋の軽減の特例は受けられません。課税標準は固定資産台帳に登録された価額×2％（土地は2021年3月31日までは1.5％）となります。ローンで購入する場合など、抵当権の設定登記をする場合、税率は債権金額×0.4％となり、一定の住宅に該当する場合は、軽減税率が適用され、債権金額×0.1％となります。

3. 印紙税　不動産譲渡に関する契約書には印紙税が課税されます。2022年3月31日までは軽減税率が適用され、例えば1,000万円を超え5,000万円以下は1万円、5,000万円を超え1億円以下は3万円となっています。

4. 消費税　土地の購入は非課税です。売主が不動産業者等の課税事業者であれば建物の購入は消費税が課税されます。売主が個人、買主も個人の場合の個人売買の場合は、課税されないこととなります。

（賃貸時）

1. 固定資産税　不動産を保有する場合、固定資産税（市街化区域内にある場合は都市計画税も）がかかります。固定資産税は課税標準額×1.4％、都市計画税は課税標準額×0.3％となります。なお、住宅用地に該当する場合、特例措置が適用されます。小規模住宅用地は200m² まで

1/6 に軽減され、一般住宅用地は 1/3 に固定資産税が軽減されます。

2. 消費税　居住用貸付は非課税、事務所用貸付などは課税となります。駐車場は原則として課税です（青空駐車場など一定の場合を除く）。

3. 所得税　不動産賃貸に係る所得は不動産所得として所得税が課されます。確定申告の方法には青色申告と白色申告がありますが、青色申告は様々な特典があり、有利となります。複式簿記で記帳をし、その記帳に基づいて申告する人には、青色申告控除 55 万円（電子申告の場合 65 万円）控除することが出来、そうでない場合は 10 万円の控除となります。

その他、青色事業専従者給与、純損失の繰り越し控除（3 年）、少額減価償却資産の特例などがあります。不動産所得は収入金額から必要経費を差し引いたものとなります。収入金額とは受取家賃、礼金、更新料などです。必要経費となるものは租税公課、減価償却費、修繕費、支払利息、保険料などです。なお減価償却費とは、一年を超え長期に使用する事業用資産をいい、建物や建物付属設備などが該当し、その取得価額を耐用年数に応じて費用化していきます。例えば、建物の場合、鉄骨鉄筋コンクリート住宅用は耐用年数が 47 年、木造住宅は 22 年となります。

4. 事業税　貸付規模が一定基準を超えると（おおむね五棟十室）事業税がかかります。不動産貸付業の税率は 5%　不動産所得に青色申告控除額や事業主控除等を加減算した額に対して 5% の事業税がかかります。

（売却）

譲渡所得　不動産を売却した場合、譲渡益が出る場合は譲渡所得に課税され、譲渡損失が発生する場合は課税されません。譲渡所得は不動産所

得などの総合所得とは別に計算する分離課税制度となります。譲渡損失は同じ年に売却した他の不動産の譲渡益とは損益通算することが可能ですが、不動産所得等の総合所得とは原則損益通算することが出来ません。

　譲渡所得の計算方法は、

　譲渡価額 －（取得費＋譲渡費用）－ 特別控除 ＝ 課税譲渡所得

　譲渡価額　売却金額（固定資産税精算金も含まれることに注意）

　取得費　　土地や建物を取得した時の購入代金や購入手数料など

　購入した金額が不明の時は、原則として 5％となるので、購入した時の資料は廃棄せず、保存しておくことが大切です。

　譲渡費用　土地や建物を売却するために直接支出した費用　仲介手数料、印紙代、立退料、取り壊し費用など

　特別控除額　自己が居住した不動産の場合などは居住用 3,000 万円等の特例等があり、事業用資産を買い換えた場合、特定事業用資産の買換え特例制度の適用があります。その他各種特例があるため確認が必要です。

　税率は、その保有期間により長期（5 年超）20.315％、短期（5 年以下）39.63％ となります。なお保有期間の計算方法は、間違えやすいのですが、取得日から 5 年経過ではなく、譲渡の年の 1 月 1 日において 5 年超に該当するかどうかで判定するので注意が必要となります。

《参考文献》
平成 30 年分の相続税の申告状況について　国税庁

おわりに

本書籍を最後までお読みいただき、誠にありがとうございます。

民法改正施行内容は、理解出来ましたでしょうか？

120年ぶりの大改正ですから、知らない人がいてもおかしくありません。

相続税対策を、民法改正施行前にされた人は、今一度、見直しをされた方が良いでしょう。相続税対策と思って契約した行為は、相続税対策になっていないかもしれません。

相続税対策は、たびたび見直しをする必要があり、相続税試算も、複数の専門家に相談をした方が良いでしょう。相談する相手は、実務をしっかりと勉強している専門家に、相談してください。

実務をしっかりと勉強しているかを確認するには、昨年の勉強時間や相続税の申告件数を聞いてみるのも良いでしょう。

本会ホームページには、「相続オールマスター講座」の歴代の受講生を掲載しておりますので、ご確認ください。

ご依頼者側も、的確なアドバイスをいただけるよう、資料のご準備と、基礎的な知識は身につけておきましょう。

「法律・税金・経営を学ぶ会」では、相談内容に適した専門家に関する情報を豊富に保有しておりますので、お困りの際には、ご相談ください。

本書籍が、今後の皆様の生活にお役に立てることを、心より祈念しております。

一般社団法人「法律・税金・経営を学ぶ会」事務局

TEL：03-6856-7477
https://houzeikei.com/

執筆者紹介

執筆・監修

髙橋 安志（たかはし・やすし）

山形県大石田町（おおいしだまち）出身。（税）安心資産税会計 代表税理士 （一）法律税金経営を学ぶ会 理事長。相続税の専門税理士として３７年以上の実績から多数のノウハウ（特に小規模宅地特例）を所有。銀行・不動産会社・税理士等で相続税等の実務的な講演多数。1993 年から毎月第 3 土曜日に（税理士等の資産税研究会）第 3 土曜会を 27 年超主宰。

著書：「小規模宅地特例のすべて」他 合計 29 冊（2020 年現在）　**取材**：「日経新聞」「ガイアの夜明け」「週刊新潮」「プレジデント」「週刊ダイヤモンド」「経済界」その他多数　**TV 出演**：埼玉・千葉・神奈川「マチコミ」番組で準レギュラー生出演　**CM テレビ放映**：TBS テレビ 月曜日、埼玉テレビ 木曜日・日曜日

税理士法人安心資産税会計
〒 115-0045　東京都北区赤羽 1-52-10 NS2 ビル 5 階
（東京メトロ南北線 赤羽岩淵駅 一番出口 徒歩 0 分　JR赤羽駅 東口 徒歩 7 分）
TEL：0120-430-506

執筆・監修（法律のみ）

北出 容一（きたで・よういち）

第二東京弁護士会所属　弁護士
十数年間、司法試験必須科目（憲法、行政法、民法、会社法、民事訴訟法、刑法、刑事訴訟法）を大学院等で指導しております。民法や会社法・民事信託等、各法律の最新かつ正確な理解の下、事業承継・相続のための契約や遺言の工夫、既に激しく揉めてしまった相続の対処、会社関係紛争の予防と対処等をさせて頂いております。
自らも税法を勉強し、税法の専門家の先生方と緊密に連携しつつ、民法会社法等と税法の両面から光りを当てることをモットーに、下記取扱分野を進めております。どうぞお気軽にご相談ください。
取扱分野：各種相続・事業継承対策、会社関係紛争と予防、御高齢の方の幸せと安心を実現するための対策、不動産売買・賃貸を巡る紛争と予防、マンションを建てる前の法律相談等。

元赤坂法律事務所
〒 107-0051　東京都港区元赤坂 1-6-2 安全ビル 1905
TEL：03-6447-2145　FAX：03-6680-8465
e-mail：motoakasaka-law@nifty.com

執筆

猪本 秀之（いのもと・ひでゆき）

税理士法人ジャスティス会計事務所　統括代表社員　公認会計士・税理士

JASTIS「お客様のための正義」をコンセプトに掲げて、不動産オーナーの税務申告・税務対策を専門に行っています。特に不動産法人を徹底的に活用し、所得税対策のみならず相続税の節税対策や納税対策などご家族のお悩み全般にお応えしています。生前の対策からご相続後のお子様への承継まで長期に渡り、お客様の幸せを真摯に願いスピーディーに行動している事務所が私どもジャスティス会計事務所です。

税理士法人ジャスティス会計事務所
〒103-0026　東京都中央区日本橋兜町13番2号 兜町偕成ビル本館 5階
（東京メトロ東西線 茅場町駅12番出口 徒歩1分）
TEL：03-3639-2027
e-mail：info@jastis.co.jp　　URL：https://www.justicetax.com

執筆

梶原 岳男（かじわら・たけお）

公認会計士・税理士・行政書士

大手都市銀行、一部上場不動産会社等の相続税・資産税担当税務顧問として、土地を含む資産の有効活用の支援を数多く手がける。金融商品にも詳しく、F.P. としても活躍している。モットーは「末永いおつきあい」で、事務所を相続により引き継ぐなど、数多くの相続申告経験を有し、三代・半世紀以上続くお客様も多い。事業承継、企業再生、起業支援、信託、社団・財団の設立運営支援等についても多くの実績をあげている。

事務所案内：税務会計・各種コンサル等、幅広い分野に精通した専門スタッフとともにスピーディで満足度の高い対応をしております。

梶原会計事務所　所長
中央経営コンサルティング株式会社　代表取締役
〒171-0021　東京都豊島区西池袋5-26-16 CHIBA ビル6階
TEL：03-3959-1234　FAX：03-3959-1237
e-mail：info@kajiwara-cpa.com　　URL：http://www.kajiwara-cpa.com/

執筆

小西 啓二（こにし・けいじ）

大阪府大阪市生まれ。1978 年に大阪大学基礎工学部システム工学博士前期課程で、人工知能を研究し修士を取得。

卒業後、某複写機メーカーに技術職として入社。技術、開発、商品企画、品質保証分野を経験。在職中に、米国東海岸にて駐在員として活躍。欧米の世界では、自分の想像できないようなことが、不可能を可能にすることを知る。50 歳の時に、1 年 1 カ月で、不動産 RC,SRC 3 棟を購入してサラリーマンメガ大家となる。定年退職後、不動産管理所有法人を 2 社立ち上げて、現在に至る。サラリーマン時代から、林輝太郎先生、菅下清廣先生に株式投資を、内藤忍先生、サチン・チョードリー先生に不動産投資を始めとする投資全般の指導を受ける。「法律・税金・経営を学ぶ会」に入会し、相続をはじめとした税務関連も学び、現在に至る。

株式会社小西総合企画　http://www.konishisk.jp/
小西建物管理株式会社　http://www.konishitk.jp/

執筆

鈴木 一郎（すずき・いちろう）

1984 年　公認会計士登録。監査法人勤務後、1987 年　公認会計士・税理士。鈴木一郎事務所　開設。

事務所案内：相続を経験することは必ずあります。しかし、その回数は多くありません。そのために実際に相続が発生すると分からないことが沢山でてきます。そういうときの相談は、ぜひ相続税の申告実績が多い税理士にしてください。実績が多い分、様々な相続を経験しているため、経験に基づいた提案をすることができます。相続発生前でも発生後でも構いませんが、出来れば相続発生前からの相談をお勧めします。

まずは、相続税の試算を依頼してください。相続税の試算が、相続のスタートになります。相続対策も経験が多い分、実績に基づく沢山の引出から最良の提案をいたします。相続対策の種類と効果は早ければ早いほどあります。

公認会計士・税理士　鈴木一郎事務所
〒 160-0021　東京都新宿区歌舞伎町 2-42-11 カーサ新宿 5 階
TEL：03-3200-5775　FAX：03-3200-5774
e-mail：ichiro@suzuki-cpa.jp
URL：http://www.suzukikaikei.co.jp/

執筆

木村 金藏 （きむら・きんぞう）

加賀百万石の石川県金沢市の生まれ

5歳の時に父親が急死し孤立奮闘悪戦苦闘の連続で、「金蔵」の名前を汚さないよう「地主さんの財産を金の蔵に納める」仕事に専念。趣味は、音楽、旅行、カラオケが大好きで、時には優雅にソシヤルダンスも踊ります。

得意分野： 上野で開業40年、法人や所得は勿論、他に相続、贈与、譲渡の申告は2000件以上の実績。資産を有効活用しながらの様々な相続税対策の提案。どんな案件でも、資産税専門の資産税研究会で問題を提起し解決。遺産相続のもめ事は、専門の弁護士グループと直接に電話相談が可能。

木村金藏税理士事務所
〒110-0015　東京都台東区東上野1-13-7 第2横井ビル 3階
TEL：03-3831-7252　FAX：03-3831-6213
e-mail：info@kinzou.com　URL：http://www.kinzou.com/

執筆

田中 美光 （たなか・よしみつ）

1995年税理士登録後、田中会計事務所を開業。不動産・相続に精通した税理士として徹底した節税対策を行い、税務調査では納税者の立場にたち「闘う税理士」を実践。自身でマンション10棟・太陽光発電22基を保有しており、現在、自らの体験談をもとに全国各地で消費税還付セミナーを開催。

事務所案内： お客様からの資産税に関する依頼を日々適切に対応していくうちに、今では不動産所得があるお客様が全体の90%以上を占めるようになりました。新築物件・中古物件にかかわらず、他の税理士事務所では不可能とされてきた賃貸用物件に係る消費税の還付申告に特化した唯一の事務所です。住宅用マンションの消費税還付は開始から23年連続100%の成功率を達成。

田中会計事務所
〒130-0026　東京都墨田区両国3-23-10 田中会計ビル
TEL：03-6659-4848　FAX：03-6659-4858
e-mail：yoshimit@mti.biglobe.ne.jp　URL：http://消費税還付専門税理士.com

執筆

徳元 康浩 （とくもと・やすひろ）

昭和45年 徳島県徳島市生まれ。上智大学 経済学部 経営学科 卒業。不動産鑑定士、宅地建物取引士。

平成6年に池袋の個人事務所に入社し、約14年間の修行後、平成21年に不動産鑑定事務所を開業。前職では、調停・裁判案件（継続家賃、継続地代、立退料）に係る評価を数多く担当。令和元年に法人化して事務所移転し、売買仲介・コンサルティング等も開始。**事務所案内：**相続案件（共有物分割、遺産分割、遺留分侵害額請求など）と調停・裁判案件に関連する評価を得意としています。適正な不動産評価を通じて、円満相続・係争解決を実現できるよう尽力しています。また、相続分野に精通した弁護士、税理士、司法書士、土地家屋調査士など複数の士業とネットワークを構築し、全体としてより良い解決に向かえるサポート体制も整えております。（一般社団法人 東京都相続相談センター　現職：副代表理事）

株式会社 藍不動産総合鑑定所
〒175-0094　東京都板橋区成増1-16-7　セントヒルズ成増102
TEL：03-6904-3242　FAX：03-6904-3243
e-mail：ai-kantei@cilas.net　URL：http://souzoku-mondai.jp/detail/5664/

執筆

馬場 英晶 （ばば・ひであき）

昭和52年、中央会計事務所を設立、開業。税務会計と経営指導を主体とした中小企業が求める業務に専念しています。資産家・地主様向けのサービスとして生前の資産の活用・相続税の対策について最適な指導と提案を行なっています。

得意分野：（経営者向けサービス）税務会計業務はもちろん、決算診断・経営計画の指導・賃金と労務
（資産家・地主様向けサービス）税務の申告業務を行うだけでなく、資産家の資産活用・相続の生前対策に重要な遺産分割等について、最適な御提案を行います。

中央会計事務所　税理士・所長
〒101-0041　東京都千代田区神田須田町1-12-3 アルカディアビル3階
TEL：03-3526-7122　FAX：03-3526-0021
e-mail：info@chuokaikei.com　URL：http://www.chuokaikei.com

執筆

松田 茂（まつだ・しげる）

1947 年　岡山県美作落合生まれ　東京都文京区出身
1973 年　青山学院大学大学院経済学修士修了
1980 年　会計事務所勤務後事務所開業
得意分野：法人・個人事業者向けの税務会計業務を基本ベースに、それにまつわる相続・贈与・譲渡を最適かつ適切なアドバイスで業務を進めて参ります。また他士業・ハウスメーカーとも連携をしながら、最善の方法をご提案致します。

松田茂税理士事務所　税理士・所長
〒 114-0001　東京都北区東十条 4-5-14　キャピタルライフ東十条 104 号
TEL：03-3919-8847　FAX：03-3919-6148
e-mail：matsuda@tkd.att.ne.jp　URL：http//www.matsudashigeru.com/

執筆

宮路 幸人（みやじ・ゆきひと）

税理士、宅建士、マンション管理士
昭和 45 年生まれ、新潟県吉田町（現、燕市）出身
現在、東京の下町で税理士をしております。お客様である中小企業を取り巻く環境は年々、厳しくなっておりますが、少し視点を変えた場合、チャンスと考える事もできます。頑張って企業経営を続けるお客様に対して、節税策を含めた提案をし、お客様のよきパートナーとなることを心がけております。
また当事務所におきましても事業承継・相続の相談が増えてきており、特に相続対策におきましては、税金面のみならず、トータルとしてよい相続対策を行えるよう考え、お客様に寄り添いたいと思っております。このため、税法のみならず様々な知識の吸収に努め、日々研鑽に励んでおります。迅速で誠実な対応を心がけておりますので、お気軽にご相談下さい。

多賀谷公一税理士事務所
〒 116-0013　東京都荒川区西日暮里 5-13-11 第 3 イトービル 4 階
TEL：03-3801-1582　FAX：03-3801-1587
e-mail：rsn74788@nifty.com

執筆

山口 淳一（やまぐち・じゅんいち）

税理士・１級ファイナンシャルプランニング技能士（CFP®）・１級
ＤＣプランナー
1990 年から生命保険業界の実務に関わる。現在、「日本一生命保険
に強い税理士 *」を目指し「保険顧問 *」として日々活動している。
特に下記の生命保険の活用方法について詳しい。（* 商標登録申請済み）
①相続における代償分割対策、②相続における預貯金の流動化対
策、③相続における分割財産対策、④企業の事業承継における自
社株対策、⑤企業の連帯保証債務問題に対する対策、⑥企業オー
ナーの生前・死亡退職金準備対策、⑦企業経営者の健康リスクに
対する BCP、⑧企業における決算対策、⑨企業における銀行対策、
⑩企業における緊急時の資金確保
その他のテーマについても日々研究している。

山口淳一税理士事務所
〒 103-0022　東京都中央区日本橋室町 3-3-3　CM ビル 9 階
TEL：03-6219-5505
e-mail：junichi.yamaguchi@outlook.jp　URL：http://www.hokenzeimu.com/

執筆・編集・総合プロデュース

齊藤 紀子（さいとう・のりこ）

一般社団法人「法律・税金・経営を学ぶ会」理事・事務局
千葉県立薬園台高等学校普通科卒業。慶應義塾大学経済学部卒業。
書籍の企画から、執筆と編集、総合的な取りまとめを行いました。本
書が、今後の生活にお役立ていただければ幸いです。
事務局として、勉強会の企画、運営、勉強会 DVD の提供、会員管理、
専門家のご紹介をしております。全国に、相続の実務を勉強している
専門家が多数所属いただいております。他の事務所が出来ないような
事案も解決できるよう、ハイレベルな内容を定期的に勉強しておりま
す。LIVE 受講も開始しました。一緒に勉強しましょう。

一般社団法人「法律・税金・経営を学ぶ会」事務局
〒 160-0022 東京都新宿区新宿 4-3-17 FORECAST 新宿 SOUTH 3 階
CROSSCOOP 内
TEL：03-6856-7477　FAX：03-6856-4066
e-mail：jimukyoku@houzeikei.com　URL：https://houzeikei.com/

一般社団法人「法律・税金・経営を学ぶ会」

ハイレベルで、実務に則した勉強会を開催しております。

勉強会は、LIVE 受講も出来ますので、遠方の方、会場にお越しになれない方も、ご受講いただけます。しっかりと勉強している人に、ご相談ください。

歴代の「相続オールマスター講座」受講生は、下記ホームページに掲載をしておりますので、ご確認いただけます。

◎勉強会開催例

「民法改正が小規模宅地等特例に与える影響」

「元調査官の視点で解説！相続税調査対応　完全版」

「実務家必携！事業承継の税制と実務」

「最新の対策！これからの消費税還付申告」

「誤解が多い贈与税」

「節税効果のある家族信託と判断に迷う土地評価」

「農家の相続・農地法・生産緑地問題」

「相続税を意識した法人税の対応策と会社法」

「遺産が未分割の場合の実務上の注意点」

◎会員案内

地主さん、大家さん、会社経営者、弁護士、公認会計士、税理士、不動産鑑定士、不動産会社、保険会社等が集まるネットワーク

ハイレベルな勉強会（LIVE 受講可）と勉強会 DVD のご提供

相続・不動産・法律・経営に詳しい専門家のご紹介

相続・法律・税務・不動産に関するご相談

勉強会資料のダウンロード

入会金　　20,000 円 + 税　勉強会 DVD 1 本プレゼント　1 年継続要

個人会員　月 5,000 円 + 税（口座振替）　本人様のみご利用可

法人会員　月 10,000 円 + 税（口座振替）　職員 2 名様代理参加可

DVD 会員　月 15,000 円 + 税（口座振替）　DVD 月 2 本無料　資料代別

プラチナ会員　月 30,000 円 + 税（口座振替）　3 名の受講料と会費込

住所　〒 160 − 0022　東京都新宿区新宿 4 − 3 − 17　FORECAST 新宿 SOUTH 3 階 CROSSCOOP 内
TEL　03 − 6856 − 7477　/　**e-mail**　jimukyoku@houzeikei.com　/　**HP**　https://houzeikei.com/

■編者略歴

**一般社団法人
法律・税金・経営を学ぶ会**

相続・不動産に詳しい専門家が有志で集まり、2009年7月「法律・税金・経営を学ぶ会」を設立。
2011年7月に一般社団法人に移行。会員は230名を超える。
11年間連続で書籍を作成・出版。
毎月開催している勉強会は一般の方も参加でき、相続や不動産の勉強をしたい人に実務を通した専門知識を提供している。
会員は、随時専門家に質問・相談をすることができ、これまで多くの会員の問題を解決している。

─── ご意見をお聞かせください ───

ご愛読いただきありがとうございました。内容についてのお問い合わせ、企画のご提案は「明日香出版社　マイブック出版室」まで、お願い致します。

マイブック出版室
☎ (03) 5395-7652
FAX (03) 5395-7654

民法改正で相続が大きく変わる!!

2020年　8月　29日　初版発行

編　者　一般社団法人

法律・税金・
経営を学ぶ会

制作・発行　ア明日香出版社
マイブック出版室

発行者　小　林　　勝

発　売　ア明日香出版社

発売者　石　野　栄　一
〒112-0005 東京都文京区水道 2-11-5
電話 (03) 5395-7650 (代表)
(03) 5395-7654 (FAX)
郵便振替 00150-6-183481
http://www.asuka-g.co.jp

■スタッフ■　BP事業部　久松圭祐／藤田知子／藤本さやか／田中裕也／朝倉優梨奈
竹中初音
BS事業部　渡辺久夫／奥本達哉／横尾一樹／関山美保子

印刷・製本　株式会社フクイン
ISBN 978-4-7569-2104-8 C0032

本書のコピー、スキャン、デジタル化等の無断複製は著作権法上で禁じられています。乱丁本・落丁本はお取り替え致します。

© 一般社団法人 法律・税金・経営を学ぶ会 2020 Printed in Japan

これから大きく変わる相続税と法律
もう古い知識では役に立たない　続編

ISBN978-4-7569-2043-0

A5並製　320頁

本体価格 3,000円＋税

≪ 2019年刊行 ≫

税制は毎年変わるため、事業承継を考える社長、個人事業主、そして株主は、昨年と比べて税制のどこが変わったのか見ておく必要があります。民法改正を翌年に控える大事な年にあわせて、毎月勉強会をしている、相続・法律問題に強い団体が、とことん調べ上げた内容です。税理士・弁護士などの専門家も必読です。

これから大きく変わる相続税と法律
もう古い知識では役に立たない

ISBN978-4-7569-1984-7
A5並製　312頁
本体価格 3,000円＋税
≪ 2018年刊行 ≫

2018年の税制改正でどう変わるのか？
相続でもめないようにするにはどうしたらいいか？
土地や株を持っている人はどこに注意したらいいのか？
税理士や不動産鑑定士、弁護士など16名の専門家集団が、相続や法律
のことをやさしく解説します。

トップクラスの専門家集団が教える
相続、贈与、譲渡、法律　完全攻略【続編】

ISBN978-4-7569-1920-5

A5並製　308頁

本体価格 2,500円＋税

≪ 2017年刊行 ≫

経営者や、不動産をお持ちのみなさんが知っておきたい節税・相続税の知識とは？
不動産の節税と相続税対策、税制の基礎知識、そして経営者の相続手続き方法など、税理士や弁護士に代表される、その道でトップクラスのプロが親切に教えます！

トップクラスの専門家集団が教える
相続、贈与、譲渡、法律　完全攻略

ISBN978-4-7569-1853-6

A5並製　400頁

本体価格 1,900円＋税

≪ 2016年刊行 ≫

地主や経営者、不動産投資家のみなさんの悩みと言えば「相続問題」でしょう。相続が発生したらまずするべきこと、相続税対策、節税の知識など、相続の問題は山積しています。

こうした問題に、税理士や不動産鑑定士、弁護士など、その道のプロが解決に導きます。

相続税増税！
方法によってはもっと下がる相続税

ISBN978-4-7569-1784-3

A5並製　344頁

本体価格 1,800円＋税

≪ 2015年刊行 ≫

よく紹介されている相続税対策は、実は間違いが多く、うのみにすると損をしてしまうことも。反対に、知っているだけで余計な納税をおさえられます。相続対策、不動産の知識、相続手続き、法律等を専門の税理士や弁護士がやさしく解説します。

相続税・消費税増税！
勉強しないと資産はなくなります

ISBN978-4-7569-1709-6

A5並製　320頁

本体価格 1,700円＋税

≪ 2014年刊行 ≫

相続税はお金持ちだけが負担するものでなくなり、さらに消費税の増税で資産は逼迫する一方。そのなかで賢く資産を守っていくには、法律や相続の知識を仕入れて、備えることが必要です。本書ではそれぞれの専門家がやさしく解説します。

相続税増税、あなたの家は大丈夫？

ISBN978-4-7569-1641-9

A5並製　304頁

本体価格 1,700円＋税

≪ 2013年刊行 ≫

相続税増税などを盛り込んだ税制改正により、富裕層だけでなく多くの家庭が課税対象となります。相続税対策をはじめ、不動産トラブル、相続問題、それに関連する法律など、各分野の専門家が懇切丁寧に解説します。